小学館文庫プレジデントセレクト

親の介護は9割逃げよ

「親の老後」の悩みを解決する
50代からのお金のはなし

黒田尚子

JN198005

小学館

目次

第1部 「親の老後」の悩み、すべて解決します

第3章 「認知症」「介護」に備える

第4章 「住まい」「不動産」を考える

第5章 「資産」「家計」を管理する

第2部 実録！ 私はこうやって離れて住む親を介護しました

第1部

「親の老後」の悩み、すべて解決します

序章

第1部

「親の老後」の悩み、すべて解決します

そろそろ高齢期の親のことが気になりだした人へ

はじめに

私には、遠く離れた北陸に住む70代の母がいる。15年ほど前に父が膵臓がんで、その数年後に、祖母が卵巣がんで亡くなってから、ずっとひとり暮らしだ。私が、親の老後を考えるようになったきっかけは、8年前。私が40歳のときに乳がん告知を受けたことにさかのぼる。その当時、家庭の事情で夫と別居し、私と娘は、母と3人で実家暮らしをしていた。そして私が乳がんに罹患したあと、私と娘は、夫の元に戻ることになった。

私が告知を受けたとき、担当医に余命について尋ねると「5年生存率50%です」と告げられた（5年以上が経過した今でも、再発・転移もせずに、ピンピンしているけれど）。さすがの私も、あと5年しか生きられないかも、という現実に青ざめた。そのことを母に伝えると、彼女は私にこう言った。「あなたが死んでしまう前に、お母さんのことをきっちりやっておいてちょうだい」と。

余命告知を受けたばかりの娘に、凄まじいことを言う母だと絶句したものの、それほど自分のこれからが不安なのだと、哀れに感じたのを今でも覚えている。

それから私は、母がこれからの老後を安心して暮らせるようなシステムを構築しておかねば、と考えるようになったのである。

高齢期の親の問題は、家族全体の問題でもある

とはいえ、私はお世辞にも親孝行な子どもではない。逆に母とは性格がまったく嚙み合わず、小さい頃は学校の成績が多少よかったものだから、「頭のよい人間は冷たい」だの「他のきょうだいよりも思いやりがない」だのと言われ続けてきた。

ただ自分も結婚して子どもができ、育ててくれた親のありがたみや愛情を感じられる程度には大人になった（つもりである）。親と性格が合わないからといって、子どもとしての責任や義務を放棄できるほど、冷淡にもなりきれない。

さらにFP（ファイナンシャル・プランナー）という職業柄、トラブルや困りごとの多くは、早期発見や対処によって大部分、フォローできることを知っている。もし、母に困ったことが起きれば、大なり小なり、私たち家族に影響を与えるのは目に見えている。

このように考えれば、早い段階から、こまめに母のサポートをすることは、自分や家族の身を守ることにもつながるはずなのだ。

離れて暮らす親ができるだけ長く
自立した生活を送れるようサポートすること

高齢期の親に対するサポートシステムの構築という一大プロジェクト（！）に対して、私自身が目標としていることは次のとおりである。

「親も子どももお互いに依存せず（頼りにする、のとはまた違う）、それぞれが自立・尊重した状態を継続しながら、親が最期を迎えられること」

親には親の、私には私の人生や価値観がある。

どちらかといえば、おっとりとして優柔不断な母としては、私にすべてを任せて頼り切りたいのが正直な気持ちかもしれない。だが、人は甘やかされると、自分の頭で考え、行動することを放棄し、ボケる。ボケるとそのうち寝たきりになる。いつまでも元気でいてほしいのであれば、親を甘やかしてはいけない。

厳しいことばかりいうようだが、今と昔では、状況が変わってしまったのだ。

超高齢社会の進展に伴って、要介護高齢者は増加し、介護期間も長期化するなど介護ニーズはますます増大。一方、核家族化の進行や、介護する家族の高齢化など、高齢者を支えてきた家族を巡る状況も様変わりしている。

「親が高齢になれば、すべて子どもが面倒を見る」という慣習や考え方を実行したくとも、できない人が増えている。

だからこれからは、子どもが親を支えると同時に、親自身も自分を支える努力と準備をしなければならない。

共倒れにならないために、この2つのバランスを取りながら、依存しない親子関係を築いていくことが今求められている、と私は考えている。

地域や社会全体で高齢者を支える

そして、もう1つ押さえておくべきは、高齢者を社会や地域で支えるという考え方だ。今や「高齢化」は、どの先進国においても重要課題。ただ日本がほかの諸外国と大きく異なる点は、それがすごいスピードで進行しているということである。

日本の65歳以上の人口は、現在3000万人を超え、国民の約4人に1人。少子高齢化がこのまま進めば、2050年には2・5人に1人になるとみられている。この手の統計を見ると、なんだか遠い未来のことのような気がするのだが、2050年といえば、現在13歳の娘が46歳。ちょうど今の私と同じくらいの年齢になり、同じ立場で高齢期の親を支えていかなければならない年代だ。そう考えると、関係ないなどといってはいられない。

80代前半は約3割、後半以降は約6割の人が要介護状態に

もちろん、元気なお年寄りばかりであれば何も問題ない。ただ介護が必要になるの

は、だいたい80歳前後といわれている。

厚生労働省によると、要介護者の発生率は、65〜69歳では2・9％と低いが、加齢とともに急速に高まり、80〜84歳では29・6％、85歳以上では59・6％である（「年代別人口に占める要支援・要介護認定者の割合」）。

病院や施設へ長期入院・長期入所をする高齢者が増えると、必要な人が治療や介護を受けられなくなる可能性も出てくる。

「それなら、介護施設をもっと増やせばいいだろう」というのは素人の浅はかさ。増加を続ける高齢者人口も、２０４２年にピークを迎え、それを過ぎると長期的には減少していく。これから入居型の介護施設を増やしても、いずれ供給過多になることが予想される。

また、要介護状態になっても、住み慣れた自宅に住み続けたいという高齢者は多い。内閣府の調査によると、「日常生活を送る上で介護が必要になった場合に、どこで介護を受けたいか」について、男女とも「自宅で介護してほしい」人が最も多い（男性42・0％、女性29・1％。「高齢者の健康に関する意識調査」〈２０１２年〉内閣府）。

住み慣れた場所で暮らし続けるための「地域包括ケアシステム」とは?

このような状況下で、認知症や慢性疾患を抱える高齢者であっても、安心して自宅や地域で暮らせるしくみは、すべての国民にとって急務となっている。

そこで国は、「医療」「介護」「予防」「生活支援」「住まい」の5つのサービスを、一体的に受けられる支援体制を推進していく意向だ。この包括的な支援体制のことを「**地域包括ケアシステム**」という(左ページ図表参照)。

ただし、都市部と地方では、高齢化の進行状況に大きな地域差が生じているため、地域包括ケアシステムの具体化には、保険者である地方自治体が、自主性や主体性に基づき、地域の特性に応じてつくり上げていかねばならない。

たとえば、東京都世田谷区では、低所得者向けの老人ホームや、空き家を活用した高齢者サロンの整備、千葉県柏市では、医師会と自治体が中心となって医療・介護などの多職種団体が連携し、在宅医療の推進が図られている。

図表 「地域包括ケアシステム」とは？

団塊の世代（約800万人）が75歳以上になる2025年をメドに構築

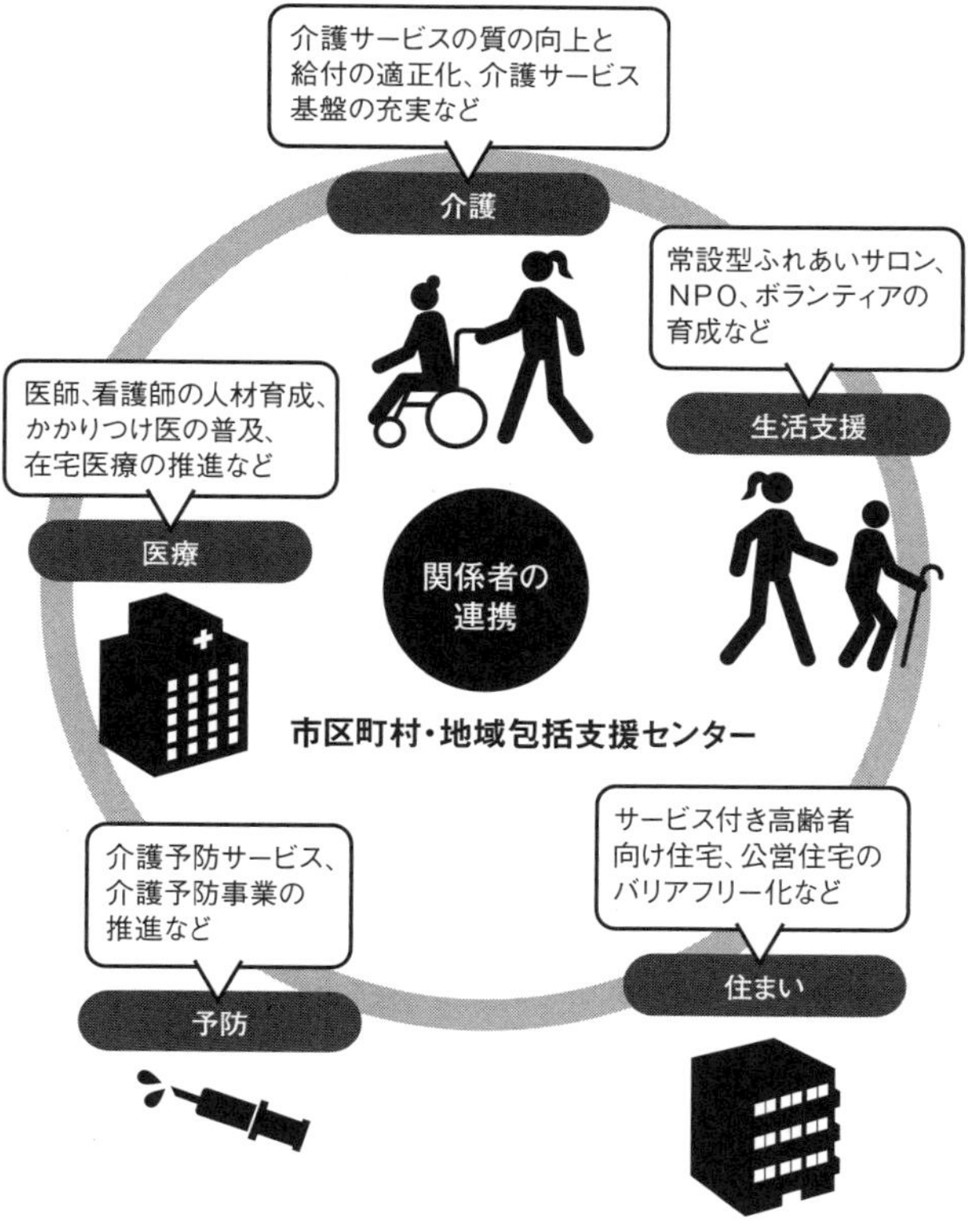

おおむね30分以内に必要なサービスが提供される
日常生活圏域を単位として想定（具体的には中学校区）

地域のヒト・モノ・サービスと連携する

地域福祉を考える際には、サポートする側もされる側も、「自助」「共助」「互助」「公助」の組み合わせで考えることが重要だといわれている。

①「自助」……すべての基本になる概念。自分や家族が主体となって支え合い、助け合うこと。自ら行う健康管理（セルフケア）や市場サービスの購入なども含まれる。

②「共助」……地域で助け合う、支え合うといった意味合いでも使われるが、介護保険に代表される社会保険制度やサービスのように制度化された相互扶助のこと。

③「互助」……ボランティアやNPOなどの支援。「共助」と共通点もあるが、費用負担が制度的に裏付けされていないインフォーマルで自発的なものをいう。

④「公助」……税に基づく公的な行政の支援のこと。

注意すべきは、この4つはすべての人が等しく受けられるわけではないという点だ。国の財政状況から考えれば、「共助」「公助」の大幅な拡充は期待できそうにない。これからは「自助」「互助」の果たす役割が広がることを念頭に置いておくべきだろう。すなわち、まずは「自助」努力。次に「互助」→「共助」といった地域社会における相互扶助を検討し、これでもカバーしきれなければ「公助」といった順番だ。

ご近所を味方やサポーターに変える

親と離れて暮らすことを選択した私は、まず、母自身や家族ができるだけ「自助」を行いつつ、「互助」――隣近所、友人・知人など、地域社会における相互扶助をいかに活用すべきか、と考えた。

そして、母がひとり暮らしになるにあたって私が実行したことは、ご近所へのあいさつ回りである。

「母に何か変わったことや万が一のことがあればご連絡ください」と言って、電話番号やメールアドレスなどが記載された名刺を配り歩いたのだ。あいさつ回りのポイントとして、きょうだいなどが複数いる場合は、連絡を受ける側の代表者や優先順位を決めておくこと。そうすれば、異変が起きたときにすばやく対応できる。

次のポイントとしては、先方の連絡先も交換しておくこと。狙い目は、自分と同世代のお嫁さんや子どもがいるご家庭だ。今は、携帯電話やスマートフォンを持っている高齢者も多いが、若い世代の方が、メールなどで気軽にコミュニケーションが取りやすい。親の日頃の様子を教えてくれたり、怪しそうな人が出入りしているなど、情報も与えてくれる。それどころか緊急の際には、土足で上がってでも助けてもらわなければならない。

しかし長い間、地元を離れていて、あまりご近所に頼れる人がいない場合や周囲の住環境の変化であまり人が住んでいないという場合は、一度、地元の同窓会に出席してみてはどうだろうか？

市役所などの自治体や介護関係、公立病院で仕事をしている友人がいるかもしれない。彼らから情報をもらったり、ネットワークを広げたり。近くに旧友がいれば、何かあったときには相談に乗ってもらえるので心強い。

このように、きちんとあいさつ回りをしておくことは、子どもがそばにいなくても、頼れる人材を確保するのと併せて、親や親戚、近隣の人など周囲に対するアピールにもなる。

これは、親に対しても効果的だ。地縁血縁の結びつきが強い田舎では、「何人も子どもがいるのに、ほったらかしにされて可哀そうに」などとわざわざ親に告げに来る人もいる。あいさつ回りをして、そんなことはしないと、あらかじめ周囲に態度で示しておけば、親も余計なことを他人から言われずに済む。

非協力的なきょうだいはいないものと思え！

地域と連携するといっても、最もコアな部分は、親子やきょうだい、夫婦などの家族である。とくに、きょうだい間のイザコザについては、将来の相続（つまり親の財産）につながる場合もあり、根が深いケースが多い。

A子さん（50代）は2人の兄がおり、それぞれ遠方に住んでいる。ひとり暮らしの母（80代）は、最近足腰が弱ってきたので、A子さんは頻繁に実家に帰って面倒を見ている。母が寝たきりになった場合などのことを兄たちと相談したいと考えているが、「仕事が忙しい」「お前に任せる」などと言って、まったく話し合いに応じてくれないという。

A子さんの場合、仲が悪いというよりも、きょうだいが無関心で非協力的である点が問題である。もしA子さんの母が要介護状態になって、A子さんだけが介護を行うようなことになれば、A子さんの身体的・経済的負担は重くなる一方だ。

いっそのこと、親を支える意思のないきょうだいは、当初からいないものと割り切った方がよいかもしれない。夫婦間も同じだけれど、何かしてくれるはずだと、アテにするから、裏切られたときに腹が立つのである。

とはいえ現実に、A子さんばかりに負担がかかってくるのは問題だ。親に財産があれば、介護した分を、相続時に考慮してもらう方法はどうだろうか？

ただ単に、献身的に介護を行ったというだけでは、相続時に「寄与分＊」として財産をプラスしてもらうことはできない。しかし遺言書に「介護をしてくれたA子にはほかの相続人より○○円多く相続させる」といったような記述を残していれば、寄与分ではないが、遺言書どおりの金額や財産を相続することができる。

A子さんが、遺言書にそのように明記してもらう旨は、2人の兄に事前に伝えておいた方がよいだろう。もしかして、それを伝えたとたん、彼らの態度も変わるかもしれない。

＊寄与分……相続人のうち、被相続人の財産の維持または増加に特別に寄与した者が、相続財産から法定相続分にプラスして特別にもらうことのできる財産のこと。

配偶者・子どもなど自分の家族との調整も必要

自分にとっては「実の親のことだから」といっても、交通費や諸費用など、家計に何らかの経済的負担が生じたり、育児・家事ができなくなることもある。同居する配偶者（夫・妻）や子どもにも配慮し、きちんと理解を求めておくべきだろう。

それが一時的なことなら、協力は惜しまないといってくれるかもしれないが、介護が長引いて先が見えない状態が続けば、疲労やストレスは蓄積される。夫婦仲が険悪になり「介護離婚」にまで発展しないよう、役割分担などをきちんと話し合っておいた方がよい。

いずれにしても、人間同士のトラブルを回避・解決するためには、ふだんから人間関係を円滑・円満にするよう心がけておくしかない。

地域の情報をどのように入手する？

「地域資源」とは、ある特定の地域に存在する特徴的なもので、自然資源のほか、活用できるヒト・モノ・サービスの総称をいう。今や老後の生活や介護をする上で、それぞれの地域資源（＝頼りになる地域のしくみ）を知り、活用することは必要不可欠といえる。

地域資源は、大きく４つに分けられる。

①行政の福祉サービスや介護保険のサービスなど、市民の権利として使える公的サービス
②民間の団体・組織が運営している民間サービス
③地域のボランティア団体やＮＰＯ法人などが行っているしくみ
④近隣に住む人々の善意によって支えられるしくみ（互助活動など）

このような地域資源は、名前のとおり、その地域によって大きく異なるので、実際に親が住んでいる地域については、「地域資源マップ」で調べてみよう。

今やほとんどの自治体では、ウェブサイトから、ダウンロードできるようになっている。「地域資源マップ」や「高齢者向けサービス」などと入力すれば検索可能だ。

高齢者が不安を感じたら、まずは「地域包括支援センター」に相談を

高齢者が、日常生活に何らかの不安を感じたときに真っ先に相談したいのが、**「地域包括支援センター＊」**である。

地域包括支援センターは、地域包括ケアシステムの実現を担う中核的な組織で、その地域の包括的かつ継続的な介護サービスを提供する拠点ともなる。「高齢者総合相談センター」という名称の場合もあるが、だいたい人口2万〜3万人に1ヵ所を目安に各市区町村に設置されている。

すでに要介護者となっている人の相談はもちろん、直ちに要支援や要介護認定を受ける状態でなくても、おおむね65歳以上の高齢者の困りごとであれば、いろいろと相談に応じてくれる、いわば「よろず相談所」だ。

また栄養改善や認知症など疾病に関する相談については、市区町村の保健センター

で受け付けてくれる。そして介護保険でカバーできないちょっとしたサービス。たとえば、ひとり暮らしの高齢者の話し相手になったり、様子を見に行ったり。買い物や病院などの付き添いや庭木などの管理、簡単な家屋の修繕など、ボランティアをお願いしたいのであれば、ボランティアセンターでコーディネートできる場合も少なくない。多くの場合、各地の社会福祉協議会がボランティア活動を取りまとめているので、一度相談してみよう。

このほか、左ページの図表にある相談先一覧は、ほとんどが公的サービスで無料である。積極的に活用することをお勧めする。

＊地域包括支援センター……２００５年の介護保険法改正により、各市区町村で設置された総合的な機関。地域の高齢者の心身の健康の維持、保健福祉医療の向上、生活安定に必要な援助を包括的に行う。

図表 困ったときの相談先一覧

総合的な窓口	地域包括支援センター	高齢者やその家族からのさまざまな相談やニーズに総合的に対応。相談内容に応じた各種の保健・福祉サービスが受けられるよう、市区町村、関係機関と連絡調整を行う。
	市区町村の相談窓口	行政相談窓口として、保健・医療・福祉に関する総合的な相談に応じるほか、各種保健福祉サービス(ホームヘルプサービス、デイサービス、ショートステイ、日常生活用具、特別養護老人ホーム、保健師などによる訪問指導等)を利用するときの申請窓口となる。
	福祉事務所	生活保護の相談・申請、生活福祉資金の貸し付けや自治体独自の貸し付け相談など、高齢者の生活全般に関することや老人ホームへの入所についての相談を行う。
	高齢者総合相談センター(シルバー110番)	高齢者や家族の心配ごとや悩みごと全般に対応。電話や面接による相談のほか、福祉機器の展示や各種情報提供を行う。各都道府県に1つずつ設置され、「#8080(ハレバレ)」をプッシュすると、その地域のセンターにつながる(相談は無料)。
認知症について	保健所・保健福祉センター	認知症や介護に関する相談に保健師や専門医師が応じ、必要な場合は保健師が家庭訪問をし指導を行う。
	公益社団法人認知症の人と家族の会	認知症の高齢者を抱える家族からの悩みごとや相談、介護方法の助言を無料で行う。経験者が丁寧にお聞きします。電話相談／無料(土・日・祝日を除く毎日、午前10時〜午後3時まで)0120-294-456
介護に関する悩み	介護支え合い電話相談室	認知症介護研究・研修東京センターを運営する社会福祉法人浴風会が開設している相談窓口。介護の悩み相談や介護情報の提供など。電話相談／無料(月〜木曜日、午前10時〜午後3時)03-5941-1038
福祉サービスについて	社会福祉協議会	社会福祉法に基づき各自治体に設置されている民間団体。預貯金や年金の管理など判断能力が不十分な高齢者等が安心して生活できるよう、社会福祉全般に関する相談を行う。
消費生活トラブル	各自治体の消費生活センター	消費者トラブル全般。最寄りの消費生活センター等の相談先がわからない場合は、「消費者ホットライン」(0570-064-370)で相談窓口を確認できる。
ボランティア活動	ボランティアセンター	ボランティア活動をしたい人、ボランティアの助けを借りたい人などの相談、情報提供、コーディネーター業務、支援などを行う。市区町村単位で社会福祉協議会と連携して設置されることが多い。
身近な相談先	民生委員	社会福祉の増進のために、地域住民の立場から生活や福祉全般に関する相談・援助活動を行う。その地域の住民で、地域の実情をよく知り、福祉活動やボランティア活動などに理解と熱意があるなどの要件を満たす人が委員に。

高齢期に起こりやすい問題とは?

一般的に、高齢者が抱える問題は、「老後資金」「病気・ケガ」「介護」「認知症」「老人ホーム」「犯罪・トラブル」「相続」「成年後見制度」など、さまざまである。

ただ大別すると、75歳前後くらいからの相談として多いと感じるのが、生前であれば「介護」。死後であれば「相続」に関する問題の2つである。

おそらく、その年代くらいから要介護になる高齢者が増え、その親が亡くなった直後、すぐに始まるのが相続の問題だからであろう。しかも生前、親と意思疎通がうまくいっておらず、どんな財産がどれくらい、どこにあるのかきちんと把握していない。遺言などがないため、遺産分割でもめるというケースもある。

高齢期の親の生活は「前期」と「後期」に分けて考える

親の「介護」は、ある日突然やってくるとよくいわれる。しかし実際には、何らかの兆候を示しているケースも少なくない。

今後、罹患者が増えると予想される「**認知症**」も、いったん発症してしまえば治療できないと思っている人が多いようだが、早期に発見して治療や適切なケアを行えば、症状を軽減したり、悪化をある程度防ぐことが可能だ。

注意しておきたいのは、脳腫瘍や慢性硬膜下血腫など別の病気が原因で、認知症の症状が出ているケース。治療によって劇的に症状が改善されることもある。病気は早期発見、早期治療が非常に重要なのだ（認知症について詳細は第3章〈3〉118ページ～参照）。

高齢期といっても、仕事や趣味、旅行、ボランティア活動などを積極的に行っている時期もあれば、徐々に身体が弱ってきて、あまり出歩かなくなってくる時期もある。リタイアメントプラン的には、前者が「前期高齢者（65～74歳）」、後者が「後期高齢者（75歳以上）」と位置付けられる。

なお総務省の調査によると、2人以上の世帯の消費支出を、世帯主の年齢階級別にみると、39歳以下は約26万円、40代は約32万円、50代は約34万円、60代は約28万円、70歳以上は約24万円となっている（「家計調査年報（家計収支編）2016年」）。

つまり実際には、30代よりも60代の方が2万円ほど支出額は多いのである。リタイアするると、現役時代より生活費が減るイメージがあるかもしれないが、レジャー費がそれほど変わらず、保険医療費が増えるなど、意外と支出が減らない可能性もある。

高齢期の親の問題は、何事も早めの準備や対処が肝心

このように、高齢期の親といっても、すぐに介護や看病が必要なわけではない。「要支援・要介護高齢者」として過ごす期間よりも、健康に過ごす期間の方が、何倍も長い。

さらにいえば、離れて暮らしているからこそ、親が要介護状態になることを不安に感じたり、怯《おび》えたりするのではなく、できるだけ健康で快適な状態が長く続くように予防やサポートに努めるべきだ。

そして親の判断能力がしっかりしている間に、万が一の場合の対処法について情報を集め、選択肢を親と一緒に考えておきたい。

本書は、そんな親のこと、自分のこと。遠くて近い将来の老後の生活や介護、相続などが心配な人が、お金のことを中心に知っておくべき基本的な知識や情報、問題点

などを包括的にまとめたものである。

私自身が、都市圏で働き、地方に暮らす親を持つ立場なので、このような子ども世代をイメージしているが、同居の場合や親世代にも知っておいていただきたい情報ばかりだ。

私は、介護のプロではない。実際に要介護状態になった場合の実務的なノウハウは、巷にあふれている各種専門書に譲りたいと思う。それよりもコトが起きる前にいかにして影響を最小に抑えるか、費用などをどのように節約するかを中心にまとめたつもりである。

この本を読んで、なんとなく不安に感じている事柄や問題点が明確になり、具体的に行動してみるお手伝いができるのであれば、これほど喜ばしいことはない。

第1部
「親の老後」の悩み、すべて解決します

第1章

「安全」「安心」をサポートする

（1）日常生活に潜む事故リスクに備える

Q

2011年、俳優の細川俊之さん（享年70）が、自宅の居間で転倒し、急性硬膜下血腫で死去したニュースは、新聞などでも大きく取り上げられた。次のうち、「死亡」を含めて家庭内事故において、75歳以上が重症となってしまう割合はどれくらい？

①8・5％　②4・6％

答えは39ページへ

一般的に、「事故」が起こりやすい場所というと、まずどこが思い浮かぶだろうか？私の娘が小学生だった頃は、道路への飛び出しや駅の線路への転落、近所の公園、海や山、レジャー施設等々。だいたいが「家の外」での事故を想像してしまう。

ところが、年齢を問わず、事故が最も多いのは「家の中（住宅）」だ（37ページ図表参照）。

国民生活センターの事故情報によると、20歳以上65歳未満の人（以下、若年層）に比べ、65歳以上（以下、高齢者）は、住宅内での事故発生の割合が高く、およそ高齢者の事故の8割近くが家の中で起こっている。

高齢になると、外出頻度は少なくなるだろうから、これには頷ける。とはいえ、事故が起きた場所をみると、「居室（リビング）」のほか、「玄関」「廊下」「トイレ」といった、若年層では事故が起きにくい、なんでもない場所でも事故が起きている。

親自身の身体的な変化にも気を配る

高齢者は、風邪をひいて外出を控えるなど少し活動量を抑えただけで、運動能力が低下する。その低下のレベルが、本人が自覚できない程度だとしても、私たちからは想定できないような場所で躓《つまず》いたり、転落したりする可能性がある。

親は、プライドもあるし、子どもに迷惑をかけたくないと思い、「まだまだ大丈夫」と言う。そして、長年住み慣れた家の中では安心しきって（油断して）生活している。子どもとしては、そんな親に代わって、親の最近の体調や生活習慣の変化をチェックして、リスクを明確にすることが大切だ。

多くの自治体では、介護予防を推進するために65歳以上の要支援・要介護認定を受けていない人を対象に、身体の状態を振り返るための「**お元気度チェックリスト**（介護予防チェックシート）」を送付している。

親にチェックリストの有無を確認し、あれば見せてもらおう。親の住んでいる自治体になくても、ほかの自治体のウェブサイトなどからリストをダウンロードできる。もし親の自立度や元気度に黄色信号、赤信号が点滅しているような状態なら、早めに地域包括支援センターなどに相談することをお勧めしたい。

図表 要注意！　事故が起こりやすいのはココだ

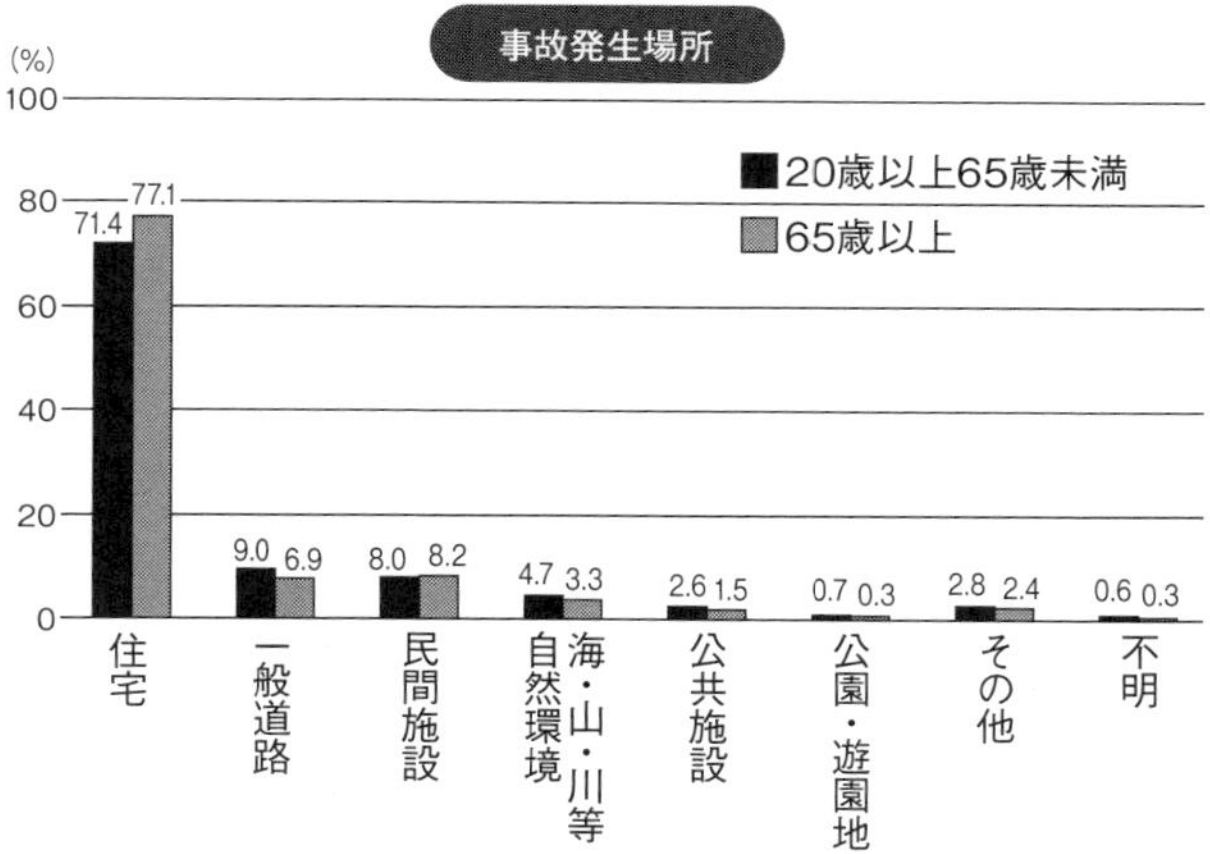

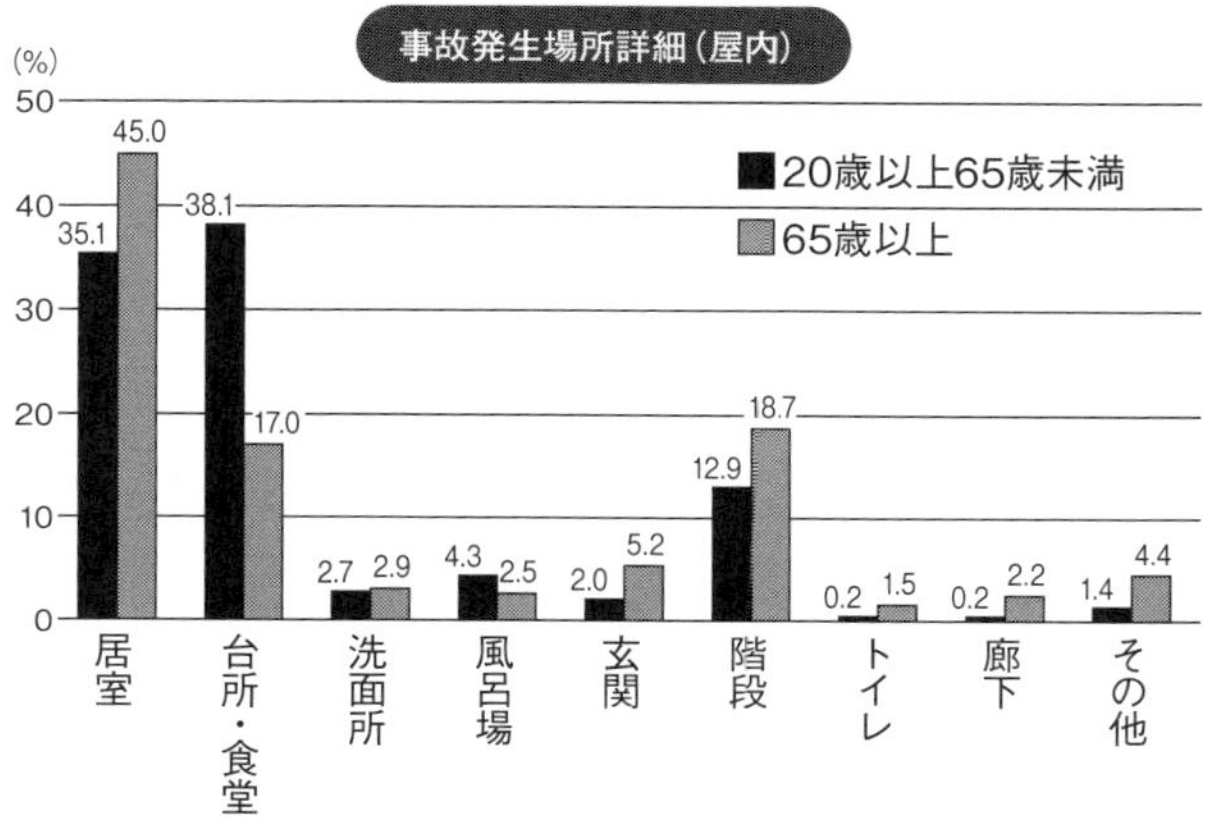

※出所：内閣府「平成29年版高齢社会白書（全体版）」

公的サービスを活用してリフォームする

住み慣れたわが家であっても、年数がたてば老朽化が進み、不具合が生じることも多い。一般的に、リフォームの周期の目安は、キッチンや給排水管の交換など水回りは15～20年、外装は10～15年前後といわれている。こまめに手入れをすれば、家は長く住める。

このタイミングに合わせて、手すりをつけたり、段差をなくしたりといった、高齢者のためのリフォームを検討する人もいるだろう。

ちょっとした改修・修繕でも、高齢期の親の安全のためのリフォームなら、福祉や医療の専門家に相談してみることをお勧めする。

岩手県では、一定の建築士を「岩手県高齢者向け住宅リフォーム相談員」として登録している。利用者は、事例等の紹介や建て替え住宅リフォームの一般的な留意点の説明などが無料で受けられる（現地調査などの具体的な相談は有料）。

また、介護保険には助成制度として「**住宅改修サービス**」がある。

これは、要支援・要介護認定を受けた高齢者の自宅に手すりの取り付けや段差の解消などの改修を行う場合、その費用の8割または9割相当額が住宅改修費として支給されるという制度だ。
支給限度額は1住宅につき20万円（両親とも認定を受けている場合は40万円）。原則は1回のみだが、転居や要介護度が3段階以上に重度化した場合、再度の利用が可能である。
対象となる住宅改修は、畳の床をフローリングに、和式便器を洋式便器に取り替えるなど幅広い。ただし、公的サービスだけに、必要書類を準備する手間や、着工前に事前に申請しておく必要がある。計画は慌てず、ゆとりをもって進めるようにしよう。

家庭内事故で75歳以上が重症となってしまう割合は？

答え ①：8・5％

国民生活センターの「医療機関ネットワーク事業からみた家庭内事故―高齢者編」（2013年3月公表）では、高齢者による事故の危害の程度を年齢別に見ると、75歳未満では、「重症」以上は4・6％だが、75歳以上では8・5％。75歳以上の方が重症化する割合が大きくなっている。

(2)「見守りサービス」を利用して親の様子を見守る

Q

在宅高齢者の暮らしを、テクノロジーを通じて支える取り組みが急ピッチで進められている。2020年に予測される高齢者向け見守りサービス等の市場規模はどれくらい?

①90億円　②132億円

答えは47ページへ

高齢期の親のひとり暮らしで一番の心配は、転倒によるケガや体調悪化によって倒れるなどの緊急事態だろう。

安否確認には、自治体で多く導入している「**緊急通報システム**」の利用を考えよう。これは、消防署や民間の業者と提携し、緊急時に高齢者が通信機の緊急ボタンを押すと、民間のスタッフが救援等に向かい、必要に応じて協力者や家族に連絡または救急車の出動を要請する方式だ。

このサービスの場合、あらかじめ、緊急時に誰に連絡するかなど優先順位を登録しておく必要がある。自治体などによっては、事前に合鍵を預けておいて、それを持参して警備会社のスタッフが駆けつけてくれるサービスもある。

さまざまなものが登場！「見守りサービス」

このほか、電気ポット、テレビのデータ放送や携帯電話、ガス、電気、水道など、生活に必要な家電製品やリストバンド型携帯端末、インフラを利用した「**見守りサービス**」が広がっている。

しくみはさまざまだが、基本的には、無線通信機器を内蔵した製品を使用すると、その情報がネット経由で子どもや家族の携帯電話やパソコンにメールされる。ガスや電気などを利用したものであれば、使用量からひとり暮らし高齢者独特の生活リズムを解析し、異常と判断すると、指定の連絡先に自動通報される（46ページ図表参照）。

数年前から見守りサービスは進化を続け、最近では、介護などにも使える見守りロボットも登場している。

NEC「PaPeRo petit（パペロ プティ）」は、カメラや超音波センサーなどで人を検知。マイクで人の音声を聞き取り、スピーカーから声を発することもできる。離れて住む親がロボットに話しかければ、その内容が投稿され、子どもや家族はSNSを通して親の様子を確認できる。利用料も月額1万円以内という。

親の不安や子どものニーズに応じたサービスを選ぶ

混同する人も多いが、「見守りサービス」と「緊急通報サービス」は目的が異なる。

前者は、いつもどおりの生活をしているかどうか確認するためのもの。後者は、緊急事態が発生したことを知らせるためのものである。

親の日々の生活の安全を確認するだけでよいのか、緊急時に必要な対応を取るところまでカバーしたいのか。民間会社のなかには、見守りサービスにオプションとして、社員の駆けつけサービスを付加できるものもある。それぞれ費用が異なるため、親の希望や意見を確認して、必要なサービスを選びたい。

ちなみに、私の母の場合、自治体が民間業者に委託して行う、ひとり暮らし高齢者等の緊急通報システムを設置している。毎月、機器費用の一部として400円がかかる（生活保護法による被保護世帯は除く）。緊急ボタンを押した場合にも、電話の通話料が必要だ。

世界中どこでも無料でテレビ電話ができる

忙しい現役世代の子どもにとって、定期連絡はメールなどの方がありがたい。だが、たまには元気な顔を見ながら話したいときに利用したいのが、「Skype（スカイプ）」だ。これは、インターネットに接続できるパソコン等があれば、世界中どこでも無料で通話できるサービスである。カメラが付いているパソコンなら、お互いの顔を見ながらビデオ通話を行うことや同時に10人までの通話も可能となっている。

また、高齢者の生活支援としてタブレット端末を配布する自治体もある。

２０１３年12月から、富山県南砺市では、高齢者世帯を中心に地域ぐるみの安全・安心対策の取り組みとして、簡単に操作できるテレビ電話システム「そくさいネット『ふれ・iTV』」を、希望する世帯に提供している。

おもな機能として、ご近所や行政機関等と無料でビデオ通話ができるテレビ電話機能や行政からの緊急・防災情報、一般のイベント情報などのお知らせ機能のほか、ビデオ通話システムを用いて商品を注文できる買い物支援や健康体操等の動画、メール配信見守り機能などがあり、今後サービスは追加される予定だという。

たしかにタブレット端末は、パソコンに比べて、操作性や実用性に優れていると思う。ただ、パソコンやスマホと同じく上手に使いこなしている高齢者がいる一方で、「間違ったら壊れてしまうのではと怖くて操作できない」「文字の入力方法がわからない」と利用に二の足を踏む高齢者もいるようだ。

「ソフト」と「ハード」の両面でサポートする

これらの機器ではなく、「人」が定期的に電話をかけて、様子を確認してくれるサービスや、自治体や民生委員などが、定期的にひとり暮らしの高齢者を訪問したり声かけをしたりして、異変がないかを確認してくれるサービスもある。もちろん、個人的にお付き合いのあるご近所に頼んでおくこともできるだろう。

ある地方都市で、新聞配達員が数日分の朝刊がたまったままの配達先民家の異変を察知し、倒れていたひとり暮らしの高齢者を発見、救助に貢献した、というニュースがあった。地域全体で高齢者を見守ることのできたよい例だ。

ただし、善意の人に見守りをお願いしているだけでは、万が一の場合に対応に後悔が残る可能性もある。

ここで紹介したような既存の見守りサービス等も併せて利用するなど、イザというときのセーフティネットはいくつも用意しておくと安心度が増す。

図表 高齢者の見守り・緊急通報サービス一覧

サービス名／提供会社	サービス内容	費用
つながりほっとサポート／NTTドコモ	らくらくスマートフォン向け高齢者見守りアプリ。スマートフォンを使用するだけで、あらかじめ指定したご家族等（つながりメンバー）へ、利用状況をメールで伝えることができる。	■月額利用料 無料
みまも〜る／東京ガス	食事のしたくや入浴など離れて暮らす親のガスの利用状況を、携帯電話やパソコンに毎日知らせる。	■加入料金 5,000円（税別） ■利用料 940円／月（税別）
みまもりほっとライン i-pot／象印マホービン	高齢者が無線通信機を内蔵した「iポット」を使うと、その情報がインターネットを通じて、離れて暮らす家族の携帯電話やパソコンに届く。	■契約料（初回のみ） 5,000円（税別） ■利用料 3,000円／月（税別）
高齢者安否見守りシステム／LIBERO	トイレや寝室、冷蔵庫などに設置した安否確認センサーが長時間反応しない場合、家庭の電話回線を一時使用して家族の携帯電話などへ自動的に警告アナウンスを流す。安否確認センサーは無線式のため、工事なしで簡単に設置できる。	■基本セット一式 53,000〜67,000円 （消費税、配送料別） ※既設の電話回線を緊急通報の際に一次的に使うだけなので、月々の管理費は不要。
フィリップス緊急通報サービス／フィリップス	緊急時にペンダントのボタンを押す、もしくは内蔵された複数のセンサーが転倒を検知して自動的にサポートセンターに緊急通報される。協力者に連絡が取れず、消防より現地での状況確認を求められている場合、駆けつけサービスもある（有料）。	■加入登録料 2,057円（税込） ■基本料（レンタル） 4,093円／月（税込） ■駆けつけ料金1回 10,286円（税込）

2020年に予測される高齢者向け見守りサービス等の市場規模は？

答え ②：132億円

高齢者にとって身近な家電やモバイルデバイスを利用した安否確認や緊急通報のサービス開発は、さまざまな企業で進められている。その市場規模は推定90億円。今後ひとり暮らし高齢者の増加などで、2020年には132億円まで成長すると予想されている（「高齢者見守り・緊急通報サービスの市場動向とニーズ調査」2011年発刊、シード・プランニング）。ちなみに、この数字は、2015年春の北陸新幹線の開業で、富山県にもたらされるであろう経済効果（単年120億円）を上回る。

（3）悪質業者の手口と親がだまされないためには？

Q

オレオレ詐欺など、いわゆる「特殊詐欺＊」の被害額は年間でどれくらい？

＊特殊詐欺とは、被害の多いオレオレ詐欺、架空請求詐欺、融資保証金詐欺、還付金等詐欺などの「振り込め詐欺」に加え、2012年から増加している金融商品等取引名目の詐欺、ギャンブル必勝法情報提供名目の詐欺、異性との交際あっせん名目の詐欺、それ以外の特殊詐欺の8類型の総称のこと。

①約297億円
②約559億円

答えは53ページへ

高齢者の増加に伴って、高齢者が犯罪の被害者になることも増えている。

65歳以上の高齢者の犯罪被害の状況は、2002年にピークを迎えて以降、近年は減少傾向にある。ところが全被害認知件数に占める高齢者の割合は増加しており、2015年では13％以上を占めている（「平成29年版高齢社会白書」内閣府）。

つまり、被害者全体の7・6人に1人は高齢者というわけだ。

そして、高齢者が受ける被害として最も多く世間に認知されているのが、いわゆる「**振り込め詐欺＊**」だろう。

大きな社会問題となったこの手口に対して、さまざまな対策を行った結果、2009年以降は大きく減少している。ただし、振り込め詐欺の一種であり、被害者の約9割を高齢者が占める「**オレオレ詐欺**」については、いったん減少に転じたものの、2011年の認知件数は、前年よりも5・4％増加。引き続き対策が必要な状態であるといえる。

＊振り込め詐欺……オレオレ詐欺、架空請求詐欺、融資保証金詐欺、還付金等詐欺など、銀行口座などにお金を振り込ませる詐欺の総称。

最近よくある高齢者を狙った犯罪の特徴

高齢者は「お金」「健康」「孤独」の3つの大きな不安を持つといわれている。悪質業者は言葉巧みにこれらの不安をあおり、親切にして信用させ、年金や貯蓄などの大切な財産を狙う。高齢者は自宅にいることが多く、「訪問販売」や「電話勧誘販売」による被害に遭いやすいのも特徴的だ。

とくに近年目立つのは、代金引換配達などで勝手に商品が送られてくる「健康食品の送りつけ商法」や、投資やギャンブル必勝法などを理由に現金をだまし取る「買え買え詐欺（劇場型勧誘）」による被害である。買え買え詐欺のように、値上がりが確実だからと、もうけや出資を勧誘する商法では、被害額が高額になりがちだ。投資対象として、社会情勢にすばやく対応したもうけ話が増えている。

全国の消費生活センターに寄せられた相談によると、「STAP細胞を手がけるX社の株を買う権利に当選した」「2020年の東京オリンピックの用地の購入債券について」など話題性のあるニュースや事件に便乗した詐欺的勧誘が多く報告されている。

犯罪・消費者トラブルに巻き込まれないようにするために

２００８年６月から、振り込め詐欺などの犯人の口座を凍結し、被害金を被害者に返還する法律として「振り込め詐欺救済法」が施行されている。だが実際に容疑者側が捕まったとしても、詐取された金銭を被害者がすべて取り戻すのは難しい。

まずはトラブルを予防すること。トラブルが起きた場合は、すみやかに対処法を確認し合うことが重要だ。

わが家の場合、電話機の前に最寄りの消費生活センターの電話番号を貼り、母にはあらかじめ勧誘の断り方を練習させている。まったく知らない人に向かって「必要ありません」と断固として断るのは、意外に難しいものだ。つい「結構です」と断ってしまいがちだが、それは、「ＯＫ」の意味に取られてしまう。

さらに、悪徳業者からの勧誘電話や「オレオレ詐欺」を防止するため、固定電話はあらかじめ留守電にしておくことも有効だ。

一方、「申し込んでもいないのにカニが送り付けられてきた！」というようなトラブルが起きてしまった場合には、すぐに信用できる身近な人や消費生活センターに相談すること。

相談員が適切に対処できるよう、できるだけトラブルに遭った本人が相談するのが一番だが、事情により代理人が相談する場合は、事前に経緯をメモ書きしておき、契約書、領収書、パンフレット、保証書などの関係資料を揃えておく。

また、だまされて何かモノやサービス（健康食品や布団など）を契約した場合、購入後一定期間内であれば、「クーリング・オフ**」で解約できることも覚えておこう。

高齢者のなかには、トラブルだと自覚していない人もいるので、周囲がちょっとでも、おかしいと思ったら同じように早めに対処することだ。

国民生活センターのウェブサイトには、さまざまな消費者トラブルの事例や注意点が随時掲載されているので、ぜひ参考にしてほしい。

高齢者にとって大切な命綱である資産が奪われることのないよう、本人はもちろん家族や周囲の人は、十分に注意し、配慮を払う必要がある。

**クーリング・オフ……訪問販売など一定の取引について、消費者が契約後に冷静に考え直す時間を与え、一定の期間内であれば無条件で契約を解除できる制度。

オレオレ詐欺などの
年間被害額は?

答え ②:約559億円

警察庁によると、2014年の特殊詐欺の被害総額は559億4354万円にのぼる。これで5年連続の増加となり、過去最悪を更新。2004年に統計をスタートしてから初めて500億円を超えた。被害者の8割が高齢者という。また、選択肢①の「約297億円」は、金融機関や宅配業者、タクシー運転手などが詐欺を見破り、阻止された被害額。こうした潜在的な被害も合わせると約856億円分の事件が発生したことになる。

（4）高齢期の親の「運転免許」をどうする？

Q

日常生活で起こるリスクに備えるのが保険。保険には、1日だけ有効になる「ワンタイム保険」と呼ばれる商品がある。次のうち、ワンタイム保険で扱っているものはどちら？

①自動車保険　②医療保険

答えは59ページへ

先日、テレビを観ていると「認知症の高齢者が高速道路を逆走！　83歳のドライバー死亡」とあった。ここ数年、このような交通事故が増えたような気がする。

高速道路各社の調査によると、２０１１〜13年で確認できた高速道路の逆走運転のうち、約7割は65歳以上の高齢者が運転していた。運転者の状態別では、認知症の疑いが4割近くあったという。

現在、70歳以上が免許更新を行うときは「高齢者講習」を受け、さらに75歳以上は、高齢者講習の前に記憶力や判断力を調べる「講習予備検査（認知機能検査）」を受けなければならないが、その後は3年に一度の次の更新時まで検査を受ける必要がなく、仮に認知症の疑いがあっても、基本的に免許の更新ができてしまう。

そこで、２０１５年3月、道路交通法改正案が閣議決定され、75歳以上のドライバーが一定の交通違反を犯した場合、記憶力や判断力を測る臨時の認知機能検査が義務付けられることになった（施行は公布日から2年以内）。

臨時の検査の結果、認知症の可能性が高い場合、医師の診断書が求められ、実際に認知症と診断されると、免許証の停止・取り消し対象になるという。

高齢ドライバーの事故の要因は「実際の運転能力と自己認識のズレ」だそうだ。加齢とともに視野や認知機能は衰え、標識の見落としや対向車のスピードの読み間違いにつながりやすくなる。つまり、どのタイミングでどんな動きをすればよいか、すべて遅れてしまうらしい。

運転免許を自主返納すれば特典が受けられる

警察では、このような高齢ドライバーの交通事故の増加を受けて、運転免許の自主返納を呼びかけている。しかし、これがなかなか進まない。昔に比べて今の高齢者は、体力があって活動的だ。地域によっては、買い物や病院への通院など、運転できなければ生活に支障をきたす場合も多い。運転歴が長いからか、自分の運転能力に自信がある人が多いとも聞く。

そこで警察では、免許を返納した高齢者に、さまざまなサービスや特典が受けられるように工夫を凝らしている。

まず運転免許を返納したときには「申請による運転免許の取消通知書」が交付され、運転免許返納後に「運転経歴証明書＊」を申請。これらを提示することで、バス、鉄道、タクシーなどの割引や宿泊施設・レジャー施設などの割引、スーパーで買い物をした荷物の無料配送サービスなど、さまざまなサービスや特典を受けられる。どのような特典があるかは、その地域を管轄する警察署のサイトなどで確認しよう。

＊運転経歴証明書……運転免許を返納した日からさかのぼって5年間の運転に関する経歴を証明するもの。2012年4月1日以後に交付されたものは、交付後6ヵ月を超えても、運転免許証と同じく、本人確認や銀行口座の開設など身分証明書として用いることができる。

高齢になっても運転を続けるメリット・デメリット

運転して好きなところに行ける、というのは交通の便の悪い地方などでは、大きなメリットだ。それと同時に、「車が運転できるほど自分はまだ元気である」という自立の象徴と捉えることができる。運転免許を取り上げてしまうことは、日常生活の大切な移動手段を奪うばかりか、尊厳を傷つけてしまうことになるかもしれない。

その一方で、仮に人身事故などが起きた場合のケガや賠償責任は家族にとって大問題である。被害に遭いやすい高齢者が一転して、加害者になってしまうのだ。

交通事故を起こした場合、法律的には、加害行為をした本人が民法709条の不法行為に基づく損害賠償責任を負うことが原則。しかし、本人に「責任能力がない」という判断が下された場合、民法714条により、その家族が監督責任を理由に被害者に対する賠償責任を負う可能性がある。

ちなみに、2012年度の65歳以上の高齢ドライバーによる「後遺障害」を伴う人身損失額（被害者の治療関係費、慰謝料、逸失利益など）は、10年前と比べて、306億円も増加。35〜64歳よりも増加幅が大きくなっている。さらに、物的損失額（車両、家屋、ガードレール等の損傷復旧費用など）については、34歳以下が大幅に減少している一方で、65歳以上では大幅に増加するなど、年齢が上がるにつれ損失額も増えているという（「2014年度版　自動車保険データにみる交通事故の経済的損失の状況」日本損害保険協会）。

高額な損害額が生じる交通事故を起こさないまでも、車にはガソリン代や駐車場代、各種税金などコストもかかる。

それぞれ家庭の事情に合わせたメリット・デメリットを親子で一緒に洗い出し、運転を継続するかどうかをきちんと話し合うこと。継続するなら、お互いが納得し合えるルール（慣れた道しか走らない。夜間の運転を控える。交通量が多い通勤ラッシュ時は避ける。75歳になったら自主返納するなど）をつくっておくべきだろう。

ワンタイム保険で扱っているものは?

答え ①:自動車保険

ワンタイム保険は手軽に必要な分だけ加入できるサービスで、自動車保険のほか、スポーツ・レジャー保険、ゴルファー保険などがある。自動車保険は、1日単位で好きな日数分だけ加入でき、日頃あまり運転をしない、マイカーを持たない人が、家族や友人の車を借りて運転するときなどに利用できる。保険料は1日当たり500円から。携帯電話で申し込みが可能だ。東京海上日動火災保険は2012年から「ちょいのり保険」を本格発売。車両補償なしの500円プランと、車両補償ありの1500円プラン、1800円プランがある(2017年12月現在)。

第1部
「親の老後」の悩み、すべて解決します

第2章
「病気」「入院」に備える

（1）親の持病や体調の変化を知っておく

Q

前から胃の痛みを感じていたAさん。やはり大きな病院で診察してもらった方が安心と、自宅から離れた大学病院を受診。でも紹介状なしで大病院にいきなり行くと、特別料金が加算されるってホント？

①ホント　②ウソ

答えは67ページへ

高齢になるにしたがって、何らかの体調の不良を訴える高齢者は多い。

もし、親が急に倒れたり、体調が悪くなったりした場合、親の状態を正確に担当医に伝えることで、適切な対応をしてもらうことができる。

親には、現在治療中の病気があれば病名や症状を聞いておこう。併せて、かかっている医療機関と通院の頻度、担当医師名、服用している薬、気になる症状などもメモ書きしておけば、慌てているときでもそのメモを渡せばいいので役に立つ。

「救急医療情報キット」でイザというときに備える

緊急時に備えて、本人の慢性疾患や緊急連絡先などの情報を記す「救急医療情報キット」を無料で配布している自治体なども多い。冷蔵庫の中などわかりやすい場所に備えておけば、119番通報で駆けつけた救急隊員が冷蔵庫からこのキットを取りだし、救急情報を見てすばやく対応できる。キットは、500円程度で市販もされているので、自治体による配布がなければ、購入して備えておくと安心だ。

さらに同じような情報を書き込める「救急医療情報カード」も自治体のウェブサイトなどからダウンロードして入手することができる（65ページ図表参照）。こちらは財布などに入れて携帯し、外出時の万が一に備えるものだが、自宅の目のつきやすいところに貼っておいてもよい。

「かかりつけ医」を持つメリット

親が風邪や腹痛、持病の治療など、ふだん通院している「かかりつけ医」を知っておくことも大切だ。

一般的に、かかりつけ医を持つメリットとしては、①気軽に診察してもらえる、②必要に応じて適切な病院・診療科を指示・紹介してくれる、③家族の病状や病歴、健康状態を把握してすばやい対応をしてくれる、の3つが挙げられる。

このほかに高齢期の親の場合、④在宅医療や介護が必要になったときにアドバイスがもらえる、というメリットもある。介護保険のサービスを利用するには、まず要介護認定を受けなければならず、その際に「**主治医意見書***」が必要になるためだ。

日頃から親の心身の状況を把握しているかかりつけ医に書いてもらえば、より正確な認定につながる。その医師が、在宅医療をやっているのであれば心強いし、介護サービスを受ける際の注意点も聞くことができるだろう。

図表 「救急医療情報カード」の記入例

記入例（表面）

プレジ町 救急医療情報カード	
ふりがな	や ま だ　　ゆ め た ろ う
氏　名	山 田　　夢 太 朗
生年月日	明 ・ 大 ・ 昭 ・ 平　１２年１２月１２日
住　所	プレジ町長者山2
電話番号	03−□□□□−○○○○

記入例（裏面）

<table>
<tr><td rowspan="4">緊急連絡先</td><td colspan="3">氏名　山田 次郎　（続柄　長男）</td></tr>
<tr><td colspan="3">電話　090−×××× −○○○○</td></tr>
<tr><td colspan="3">氏名　山田 姫子　（続柄　長女）</td></tr>
<tr><td colspan="3">電話　080−□□□□−△△△△</td></tr>
<tr><td>かかりつけ医</td><td>所在地 プレジ町</td><td>名称 ○○病院</td><td>03−□□□□−○○○○</td></tr>
<tr><td colspan="4">持病、服用中の薬など、救急隊員や医師に知っておいてほしいこと
糖尿病、人工透析（2日に1回）、高血圧の薬を服薬</td></tr>
</table>

ちなみに、私の母のかかりつけ医の一人は、父が膵臓がんで亡くなったときの担当医。その医師には携帯電話番号とメールアドレスを教えてもらい、母の定期的な検診の結果や症状などを直接聞くようにしている。子どもや親にとっては、大変ありがたい存在だ。

難しい医学的な用語や数値を交えて、高齢者から正確に治療内容や状況を聞き取るのは難しく、主治医から直接説明を受けるのが一番確実。もちろん、すべての医師が、連絡先を教えてくれるとは限らないが、離れて住んでいるなどきちんと事情を説明し、節度のある態度で接すれば、直通の連絡先などを教えてくれるのではないだろうか。

＊主治医意見書……市区町村が申請者の心身の状況などについて、医学的見地から意見を求めるためのもの。主治医がいない場合、市区町村が指定する医師の診断を得て作成する。

紹介状なしで大病院に行くと、特別料金が加算される？

答え①：ホント

国は専門的な診療をする大病院と患者の身近な相談相手となる「かかりつけ医」との役割分担を進めている。そのためベッド数200床以上の大病院をほかの病院から紹介状なしで受診すると「選定療養費」という特別料金が必要な場合がある。大病院の45％が初診時に選定療養費を取っており、平均は2130円。それでも大病院の外来患者のうち6～8割は紹介状がなく、国は患者負担を増やす方向で検討中。医療費を節約する観点でも、緊急性がなければ、まずはかかりつけ医を受診する方がよさそうだ。

(2) 親が緊急入院をしたらどうする？

Q

突然、親が倒れた。すぐに意識を取り戻したが、手足がしびれて、ろれつも回っていない。こんなときはどうしたらよい？

①15分ほど様子を見る
②すぐに救急車を呼ぶ

答えは73ページへ

高齢期の親は、いくら元気でも、突然「倒れて入院した」という連絡が入る可能性がある。

離れて住んでいると、そんな場合でもすぐに駆けつけることができない。落ち着いて行動するためにも、緊急事態が発生した場合のシミュレーションをしておこう。

状況に応じて行動パターンと協力体制を検討する

それぞれ「症状が軽くて入院しなかった場合」「手術を伴う入院をする場合」「重篤な場合」など、状況によって駆けつける優先順位を考えておく。

もちろん、どの場合でもすぐに駆けつけるのが一番だし、親も安心する。

一方の親が元気であれば、そちらにある程度任せておけるが、もう一方が寝たきりや認知症などで、介護者の方の親が倒れた場合、要介護の親の面倒も見なければならない。

ただ子どもが、時間と交通費がかかる遠距離（3時間以上）に住んでいる場合、緊急でなければ、近くの親戚や近隣の人に様子を見てもらい、次の休みや都合がつき次第、戻るようにするなど、ケースに応じて柔軟に対応することも大切だ。そのうち、否でも応でも、頻繁に帰省することになるかもしれないのだから。

また、きょうだいがいる場合、たとえば、緊急性の高い呼び出しに対して、夜間であれば交通手段となる車を誰が出すか、病院での付き添いはどうするかなど、想定されるパターンを考えて協力体制を検討しておこう。

入院先で「個室しか空いていない」と言われたら?

緊急入院して、大部屋が空いておらず、ICU（集中治療室）を出たあとに「個室しか空いていません」と言われたらどうすればよいだろう。

個室を希望して入院する場合、「差額ベッド代（差額室料）」がかかる。厚生労働省が定めた基準*を満たしていれば、病院が料金を自由に決めることができ、3人部屋や4人部屋などでも別途お金が必要となる。

差額ベッド代は、1人部屋の場合、1日5000〜1万円（別途消費税がかかる）に設定されている病院が多いが、これはあくまで平均。首都圏ではそれ以上も少なくない。さらに、差額ベッド代は、高額療養費制度や医療費控除（詳細は第2章〈4〉83ページ〜参照）の対象にもならない。

そんな差額ベッド代を巡っては、トラブルが起きることもある。具体的に次の3つのケースで、差額ベッド代がどうなるのか考えてみよう。

①Aさんは夜中に容体が急変。病院に電話してタクシーで駆けつけた。緊急入院で空きベッドがなく、仕方なく個室に入った。同意書にサインはしていない。
②Bさんは免疫力が低下しており、主治医に言われ仕方なく個室に入った。
③Cさんはお金がなく大部屋希望だったが、個室しか空いていなかった。看護師にきちんと説明を受けた上で仕方なく同意書にサインし、入院した。

Aさんの場合、「病院の管理上の都合」で個室に入ったため、差額ベッド代のルールを定めた厚生労働省の通知によって本来は差額ベッド代を徴収してはいけない。

Bさんの場合、免疫力の低下による感染防止など「治療上の必要」で個室に入っている。Aさんと同じく、差額ベッド代を徴収してはいけない事例だ。

Cさんの場合、病院から説明を受けて同意書にサインをしている。本人が希望していなくても承諾したとみなされ、差額ベッド代は徴収できる。

要するに、治療のための必要がなくとも、本人が同意すれば差額ベッド代は必要となる。その際の同意書による患者本人の確認が不可欠だということだ。

お金に余裕がないのに個室を勧められたら、その病室に入らなければならない理由や希望していない場合の差額ベッド代はどうなるのか、大部屋にいつ移れるのかなど、同意書にサインをする前に病院の看護師や事務職員の方とよく相談しよう。

なお、65歳以上の場合、療養型医療施設（病院）に入院すると、大部屋でも水道光熱費相当として「居住費」（月額約1万円）や「食費」（月額約4・2万円）などが別途かかってくる。これらのホテルコストは公的保険の適用外という考え方なので、心づもりをしておかないと、あとで請求書の明細を見て驚くことになる。

いずれにせよ、病院は私たちの敵ではない。日頃から病院とコミュニケーションが取れていれば、差額ベッド代もトラブルにまで発展することはないはずだ。

＊厚生労働省が定めた基準……「1室当たりのベッド数が4床以下」「1人当たりの面積が6・4㎡以上」「個人用の私物の収納設備、照明、小机およびイスがある」など。

突然倒れた親。すぐに意識を取り戻したが、どうしたらいい？

答え②：すぐに救急車を呼ぶ

高齢者に多い脳梗塞の発作時には、手足、顔などにまひ、ろれつが回らない、突然の激しい頭痛などの症状が現れる。このとき大事なのは「躊躇せずに救急車を呼ぶ」こと。なぜなら、発作が起きてから治療開始までの時間の長さが、後遺症の程度などに大きく影響するからである。ちなみに救急車を呼んでから現場に到着するまでの時間の全国平均は8・6分（「平成28年版救急・救助の現況」総務省消防庁）。年々この時間は長くなっており、その原因として「呼ぶ必要のない人が救急車を呼んでいることが多い」が挙げられる。

(3)意外に早い退院。受け入れ態勢をどうする?

Q

親が脳卒中で倒れて病院に運ばれた! どうやらリハビリなどで入院が長引きそう。入院から退院までにかかる費用はどれくらい?

①30万~60万円
②150万~200万円

答えは81ページへ

突然の病気やケガで入院しても治療が終了し、元どおりに自宅に戻れるのであれば問題ないが、退院後に介護サービスが必要となるケースは少なくない。

一般的に介護や支援が必要となる原因として、脳動脈に異常が起きて発生する脳卒中などの「脳血管疾患」が多い（要介護の原因の詳細は本章〈5〉96ページ図表参照）。脳卒中は命が助かっても、後遺症をもたらすことがほとんどだという。リハビリを始める頃には、退院後の生活をどのようにするか検討しなくてはならない。

「入院診療計画書」で入院スケジュールを確認する

そのためにまず確認したいのが「入院診療計画書」である。

医療機関では、病状や今後の治療方針などについて、医師から口頭で説明するとともに、これを示した書面、つまり入院診療計画書を交付することになっている。

多くの病院では、入院後、数日以内に作成して説明してくれる。これをもとに、今後のことを相談したり、早めに退院に向けた準備を行おう。書面の提示がない場合は申し出るか、発行されない病院もあるので、医師の説明のときに聞いておく。

おさえておきたい退院前の４つのポイント

退院後の選択肢としては、「転院」「在宅介護」「施設への入所」などが考えられる。想定外に早い退院の勧めに慌てないためのポイントを、まとめてみよう。

①退院を勧められても落ち着いて対応する

一般的に、急性期（病気の初期）の入院期間は20日未満。そして国は、長期入院の是正を図る目的で、90日を超えて入院する高齢患者について、入院基本料を減額し、包括化している。つまりそれ以降は、いくら治療を行っても費用を徴収できない。病院側としては、一般病床の長期入院患者は減収の対象となるわけだから、退院を勧められる可能性はある。

退院勧告をしたとたん、退院を拒絶してクレーマー化した患者や家族もいるそうだが、本人の症状次第では、治療目的に合った病院や施設に入所した方が適切なサービスが受けられる場合もある。退院勧告を受けても、落ち着いて現在の病状をしっかりと把握し、その上で主治医と相談して判断することが大切だ。

②転院・病床の移転を検討する場合は、移転先をよく検討する

まだ在宅での療養が難しい場合やリハビリが必要な場合、転院や病床を移転するこ

とになる。その際は、移転先の病院の機能をよく理解して、探すことが重要だ。

医療機関内の「医療相談室」では、専門の相談員（看護師、メディカルソーシャルワーカーなど）が無料で患者や家族からの相談に応じてくれる。入院中はもちろん、退院や転院についても、患者や家族の希望を聞きながら、転院先の施設を紹介あるいは手続きの支援を行っている。

ただし現実は厳しく、希望する病院は予約待ちでいっぱい。もしくは、勧められた転院先を「あそこだけは入りたくない」と患者本人が嫌がるなど、結局は、自分たちでいろいろな病院を当たってようやく見つけたというケースもある。

③在宅介護をする場合は、介護保険の手続き準備をスタートする

在宅で介護をすると決めた場合、介護保険の手続きを始めよう。ただ、介護サービスを受けるための「**要介護認定**」の申請は、本人の症状が安定しなければ調査が実施できないので、急性期には受けられない。

要介護認定の申請のタイミングについては、急性期に病院の主治医にあらかじめ相談し、許可が出たら自治体などの窓口へ行く。申請する際に、現在の状況や今後の予定などを伝えるのがよいだろう。

申請には、30日ほどかかる。退院後、スムーズに介護サービスを受けるために、できれば調査実施の時期（入院期間が短期であれば入院中もしくは自宅に戻ってからの方がよいかなど）の見通しが立っていることが望ましい。

当然のことながら、在宅介護は、予想もしなかったことが度々起こる。とくに別居して遠距離で介護を行うのであれば、なおさらだろう。

トラブルを未然に防ぐためにも、退院前には、試験的に外泊して、本人や家族ができること・できないことなど受け入れ態勢のチェックを行うようにしよう。

④施設入所を検討している場合は、状況に応じた施設を検討する

要介護と認定され、介護保険施設への入所を希望する場合、本人の病状やどのような介護が必要かによって、施設の選択肢は異なる。通常は、①「特別養護老人ホーム（特養）」②「介護老人保健施設（老健）」③「指定介護療養型医療施設」の3つのタイプの施設への入所が考えられる（介護保険施設の詳細は第4章〈1〉157ページ～参照）。3つのうち、①③は期間が終身で、②は原則3ヵ月程度（地方によっては、何年も入所している場合もある）。原則として自宅復帰を目指すための施設となる。

残念ながら、いずれの施設もすんなり入所とはいかず、とりわけ①は、費用が安く、施設によっては待機者が100人単位という高倍率の施設となっている。

自分たちが納得できるかたちで、一定の方向性を出す

親が一命を取り留めたとほっとする間もなく、家族は、数ヵ月で次の受け入れ先を考えねばならない。介護やサポートに必要な情報や窓口が一本化されているとはいえない現状において、家族は手探り状態で最良の道を探して右往左往する。

要介護の親と同居か、遠距離介護か。病院や施設に入所させるか。とにかく家族としては、覚悟を決めて一定の方向性を出し、必要に応じて関係各所に根回しを行う。

親の介護に正解はない。

自分たちが納得できるかたちだけが、ある意味で正しい道なのだ。

図表 緊急入院で病院から連絡、まず何をすべきか

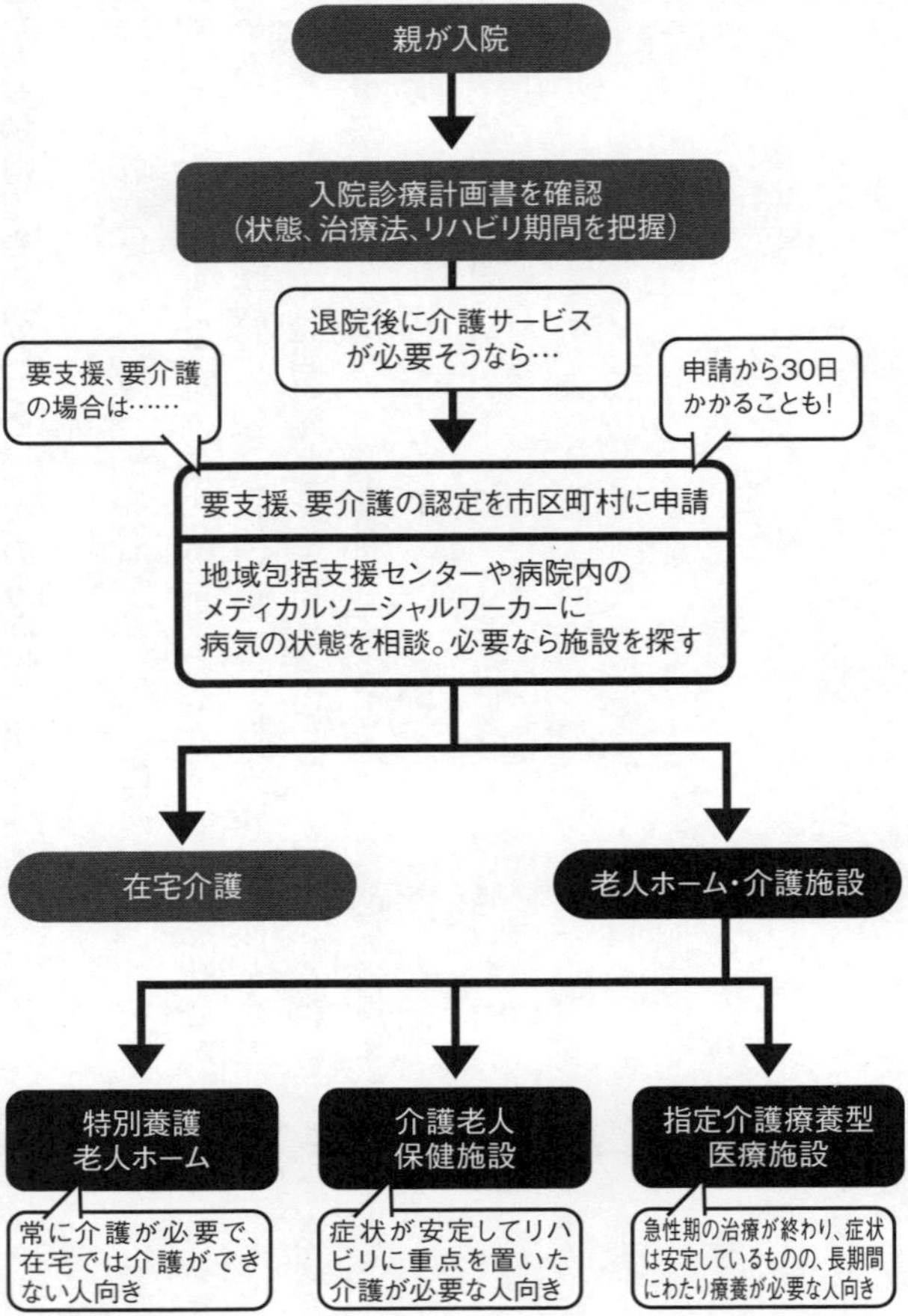

入院から退院までにかかる費用は？

答え②：150万～200万円

脳卒中などで倒れて病院に運ばれるケースは、要介護状態になる典型例。救急車で運ばれる大学病院などの急性期病院は、1ヵ月くらいで退院（約30万～60万円）。転院後の中小規模の病院で治療を受けながらリハビリを行うが、ここも通常3～5ヵ月程度で再転院（月額約18万～25万円）。その先が見つからなければ、家族は、在宅介護か、施設入所かの判断をしなければならない。結局、倒れてから、実際の介護が始まるまでの約半年間で、すでに約150万～200万円の費用がかかっている計算だ。高額療養費制度の利用は必須だとしても、まったく恐ろしい話である。

(4) 知らないとソン!? 医療費をいかに節約するか?

Q

病院に支払うお金で、健康保険が適用されないものは、どちら?

①リハビリ費用
②診断書作成費用

答えは91ページへ

病院の窓口で支払う医療費を、「もっと安くならないのか」と値切る人はあまりいないだろう（支払わずに帰ってしまう人はいるらしい）。だが、医療費負担を軽減させる方法はいくつもある。ただし、いずれも自分で申請・手続きが必要なセルフサービスの制度ばかり。まさに知らないとソンをしてしまう。

①高額な医療費の必須アイテム！「高額療養費制度」をフル活用する

毎月の医療費が高額になった場合、まず利用したいのが「高額療養費制度」だ。これは、医療機関に1ヵ月（暦月）に支払う自己負担限度額（以下、自己負担）が一定額を超えると、超えた部分の額の払い戻しが受けられる公的医療保険（組合健保や協会けんぽ、国保など）の制度のこと。自己負担は、年齢や所得によって次のように決められている（89ページ～図表参照）。

70歳未満は、2015年1月以降、所得区分が3つから5つに変更になり、自己負担の計算方法が変更されているので注意しよう。

70歳も、「外来」もしくは「入院＋外来」で自己負担が分かれていたが、2017年8月と2018年8月の2段階で改正が行われる。いわゆる所得区分が一般以上の場合、自己負担が引き上げられる予定だ。

また、70歳未満は、窓口の支払いが自己負担までとなる「限度額適用認定証」を事前に申請しておく。保険証と併せて提示すれば、立て替え払いが不要なので便利だ。70歳以上は、所得区分の認定証がなくても、自動的に窓口での支払いが自己負担までになっている（ただし、低所得者の区分の適用を受けるためには認定証が必要）。

②「多数回該当」「世帯合算」でさらに負担軽減を図る

治療が長引けば、この制度はさらに威力を発揮する。直近12ヵ月以内に3回以上高額療養費の支給を受ければ、4回目以降、自己負担が下がる「多数回該当」のしくみがあるためだ。

また、1人1回分の窓口負担では、高額療養費の支給対象とならなくても、複数の診療科への受診や同じ世帯にいる家族の受診について、窓口でそれぞれ支払った自己負担を1ヵ月単位で合算できる（世帯合算）。

ただし、この場合には注意点がある。70歳未満の受診は、2万1000円以上の自己負担のみ合算される点と、合算できるのは同じ医療保険に加入している者に限られる点だ。

実は、高額療養費のしくみは非常に複雑。

とにかく病院の領収書などをすべて保管しておいて、加入先の公的医療保険の担当窓口で確認するのが、最も確実だ。

③ジェネリック医薬品（後発医薬品）を使う

高血圧症、糖尿病など慢性疾患の治療のために、長期間薬を服用する場合、ジェネリック医薬品（以下、ジェネリック）を利用して、薬代を安くする方法がある。

ジェネリックは、先発医薬品と治療学的に同等であるものとして製造販売が承認されているもの。一般的に、開発費用が安く抑えられることから、先発医薬品に比べて薬価が3～5割程度安いものが多い。なかにはそれ以上割安なものもある。

厚生労働省では、患者負担の軽減や医療保険財政の改善のために、ジェネリックの促進に注力しているが、欧米ほど普及が進んでいない（現在の後発医薬品の数量シェアは51・3％。日本ジェネリック製薬協会発表の平成26年度第2四半期の速報値より）。

その要因として、ジェネリックの品質や情報提供、安定供給に対する不安が払拭されていないということが挙げられる。

いきなりジェネリックに切り替えるのは不安だという人は、処方された日数を分割調剤してもらい、服用して問題がなければ残りの期間を調剤してもらうこともできる（お試し切り替え）。ジェネリックを使ってみて、効果や副作用が気になるようであれば、通常の医薬品に戻せばよいだろう（分割調剤には「後発医薬品分割調剤料」が別途必要）。

ジェネリックに変更した場合、どれくらい安くなるのか知りたい人は、「日本ジェネリック製薬協会」「日本ジェネリック医薬品学会」などのサイトで検索できる。さらに、使い勝手の点からお勧めなのが「ジェネリックいくら?――カンタン医療費節約――」という無料アプリ。薬名を何文字か入力すれば、候補となる薬剤の名称がたくさん出てくるので、薬の名前がウロ覚えの人も検索しやすい。

このほか薬代の節約法には、おまとめ処方によって調剤技術料や薬学管理料など、薬剤料以外の費用を安くしたり、調剤料の安い薬局を探したりする方法などもある。

④「特定疾病」や「特定疾患」の医療費助成制度を利用する

腎臓の機能が低下して回復の見込みがない慢性腎不全になると、治療は平均で週2~3回。1ヵ月の医療費が、約40万円かかる。

このような高額な治療を長期で行わなければならない「人工透析が必要な慢性腎不全」「血友病」「HIV感染」の高額長期疾病(特定疾病)の患者に対しては、1ヵ月の医療費の自己負担が原則として1万円(所得によっては2万円)までとなる。該当する場合、各公的医療保険の担当窓口で「特定疾病療養受療証」を交付してもらう。

また、原因不明で治療法が確立していない難病患者の医療費の自己負担が軽減される制度もある。「特定疾患」と呼ばれ、国や都道府県が医療費の全部または一部を助成するもの。対象になるかどうか、住所地にある保健所や都道府県の疾病対策担当課の窓口で「**特定疾患医療受給者証**」を交付してもらえるか相談してみよう。

この制度は対象となる難病が限られており、かねて見直しの声が上がっていた。そこで2014年5月に成立した「難病の患者に対する医療等に関する法律（難病医療法）」によって、このしくみが42年ぶりに変更されている。2017年4月から、医療費助成の対象となる指定疾病は330疾病に拡大している。

⑤医療費控除をオトクに使う方法

「**医療費控除**」とは、同じ年の1月1日から12月31日までの間に支払った医療費が一定額を超える場合、確定申告をすることで支払った税金が戻ってくる制度。医療費控除を申告すれば、所得税とともに住民税も安くなるというメリットがある。

医療費控除は、医療費が10万円を超えれば適用が受けられる。10万円に達していなくても、年間所得200万円未満の場合、医療費がその5％以上なら控除できる。また、2017年1月から、「医療費控除の特例」としてセルフメディケーション税制が導入され、選択肢が増えている。

ただし、高齢者の医療費控除の還付申告には注意が必要だ。そもそもこの制度は、納めた税金が戻ってくるというもの。所得税を支払っていなければ、控除は受けられない。

親の収入が公的年金のみの場合、支給時に所得税が源泉徴収をされるが、65歳以上は年額158万円未満、65歳未満は年額108万円未満であれば、源泉徴収をされていない。つまり、税金を支払っていないということ。源泉徴収の有無は、毎年1月中に送付される公的年金などの源泉徴収票の源泉徴収税額を確認すればよい。

なお、年金受給者の申告手続きの負担を減らすため、2011年分の所得税から「確定申告不要制度」が創設されている。これによって、公的年金等による収入が400万円以下で一定の要件を満たす場合、確定申告を行わなくてもよい。ただし、制度対象者であっても医療費控除の適用を受けるためには、確定申告書の提出が必要だ。

また医療費控除は、本人の医療費だけでなく、生計を一にする扶養家族の分も控除対象に含めることができる。税法上の「生計を一にする」とは、必ずしも同居を要件としていないので、施設に入所している老親の療養費を子どもが負担している場合などもOK。親にかかった医療費を、子どもが支払って確定申告をすれば、税金の還付を受けられる。

図表 この額を越えた分は払い戻しが受けられる！

●70歳未満の場合

所得区分	自己負担限度額（多数回該当）
①**区分ア** （標準報酬月額83万円以上の人）	252,600円＋（総医療費－842,000円）×1% （140,100円）
②**区分イ** （標準報酬月額53万～79万円の人）	167,400円＋（総医療費－558,000円）×1% （93,000円）
③**区分ウ** （標準報酬月額28万～50万円の人）	80,100円＋（総医療費－267,000円）×1% （44,400円）
④**区分エ** （標準報酬月額26万円以下の人）	57,600円（44,400円）
⑤**区分オ**（低所得者） （被保険者が市区町村民税の非課税者等）	35,400円（24,600円）

注）「区分ア」または「区分イ」に該当する場合、市区町村民税が非課税であっても、標準報酬月額での「区分ア」または「区分イ」の該当となる。

●70歳以上74歳未満の場合（2018年7月まで）

<table>
<tr><th rowspan="2" colspan="2">被保険者の所得区分</th><th colspan="2">自己負担限度額（多数回該当）</th></tr>
<tr><th>外来
（個人ごと）</th><th>外来・入院
（世帯）</th></tr>
<tr><td colspan="2">①現役並み所得者
（標準報酬月額28万円以上で高齢受給者証の負担割合が3割の人）</td><td>57,600円</td><td>87,430円
（多数回該当：44,400円）</td></tr>
<tr><td colspan="2">②一般所得者（①、③以外の人）</td><td>14,000円
（年間上限
144,000円）</td><td>57,600円
（多数回該当：44,400円）</td></tr>
<tr><td rowspan="2">③低所得者</td><td>Ⅱ（※1）</td><td rowspan="2">8,000円</td><td>24,600円</td></tr>
<tr><td>Ⅰ（※2）</td><td>15,000円</td></tr>
</table>

●70歳以上74歳未満の場合（2018年8月から）

<table>
<tr><th rowspan="2" colspan="2">被保険者の所得区分</th><th colspan="2">自己負担限度額（多数回該当）</th></tr>
<tr><th>外来
（個人ごと）</th><th>外来・入院
（世帯）</th></tr>
<tr><td colspan="2">現役並み所得者
①−1
（標準報酬月額83万円以上の人）</td><td colspan="2">254,180円
（多数回該当：140,100円）</td></tr>
<tr><td colspan="2">①−2
（標準報酬月額53万〜79万円の人）</td><td colspan="2">171,820円
（多数回該当：93,000円）</td></tr>
<tr><td colspan="2">①−3
（標準報酬月額28万〜50万円の人）</td><td colspan="2">87,430円
（多数回該当：44,400円）</td></tr>
<tr><td colspan="2">②一般所得者（①③以外の人）</td><td>18,000円
（年間上限
144,000円）</td><td>57,600円
（多数回該当：44,400円）</td></tr>
<tr><td rowspan="2">③低所得者</td><td>Ⅱ（※1）</td><td rowspan="2">8,000円</td><td>24,600円</td></tr>
<tr><td>Ⅰ（※2）</td><td>15,000円</td></tr>
</table>

※1 被保険者が市区町村民税の非課税者等である場合

※2 被保険者とその扶養家族全ての収入から必要経費・控除額を除いた後の所得がない場合

注）現役並み所得者に該当する場合は、市区町村民税が非課税等であっても現役並み所得者となる。

健康保険が適用されないものは？

答え②：診断書作成費用

病院でリハビリを受けた際には、健康保険が適用される。一方、診断書は保険会社に給付金の請求をしたり、職場に休職願いなどを提出したりする際に必要になる。診断書の料金は地域によって異なり、全額自己負担で5000～1万円程度。一般的に、保険会社へ提出する診断書は、所定の診断書であるケースがほとんどだが、最近は、コピーあるいは領収書などでも応じてくれる保険会社もある。複数の保険に加入している場合など診断書作成費用も侮れない。節約のため、保険会社に問い合わせてみよう。

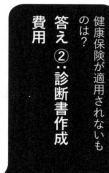

(5)健康が一番! 病気・ケガをいかに予防するか?

Q

どんなに健康な人でも、まったく病院のお世話にならない人はいないはず。国民1人当たりの一生にかかる医療費はいくら?

①2600万円
②3100万円

答えは97ページへ

高齢になると、身体機能や抵抗力の低下によるさまざまな病気や障害のリスクが高まる。とはいえ、健康的なお年寄りもたくさんいる。彼らの元気の秘訣はいくつもあるのだろうが、心がけ次第で、健康や若さは保つことができるということだ。

年齢によって要介護の原因は異なる

年を取ればある程度、病気がちになるのはやむを得ないとしても、やはり気になるのは、要介護状態になるかどうかだろう。

年齢別の要介護の原因の違いを見てみると、65歳から74歳までの「前期高齢者」と75歳以降の「後期高齢者」では、要介護の原因が異なる（96ページ図表参照）。

前期高齢者で「脳血管疾患」が圧倒的に多いのは、高血圧や糖尿病など若いときの予防対策がしっかりできていなかったことが大きな原因だ。

一方、後期高齢者では「認知症」が最も多く、次いで「脳血管疾患」と「高齢による衰弱」が続く。

また、性別でも要介護の原因には違いがある。男性で圧倒的に多いのが「脳血管疾患」。それに対し、女性は後期高齢者と同じような結果となっている。

つまり、これらを予防するためには、高齢者の健康対策を、「男性」「女性」「前期高齢者」「後期高齢者」の4つのカテゴリーで考えていくことが重要になる。

高齢者に多い病気の予防と対策は？

これらのデータでとくに問題となるのは、がん・心臓病・脳卒中・糖尿病など。いわゆる生活習慣病だ。予防のためには、不適切な食生活、運動不足、過度の飲酒、喫煙、肥満、ストレスなど「生活習慣のゆがみ」を改善させることが第一である。

近年、関心が高まっている認知症についても、発症の原因疾患の約8割が「アルツハイマー病」と「脳血管障害」。これらを発症・悪化させるものとして、生活習慣が関係していることから、生活習慣病を予防するとともに、脳を活発に使う生活を心がけることが、認知症予防につながる（認知症について詳細は第3章〈3〉118ページ～参照）。

また、寝たきりの原因となりやすい転倒・骨折の予防も重要だ。

これらの多くは下半身の筋力低下によるもの。70代の筋肉量は20代の半分だといわれている。とくに、背骨と両足の付け根を結ぶ筋肉である「大腰筋」を鍛えるのは、寝たきり防止には効果的だ。ピシッと背筋を伸ばした姿勢を、3分間続けてみよう。これが難しかったら、大腰筋が弱って骨盤がゆがんでいる可能性がある。

運動不足の解消として、ウオーキングをする高齢者をよく見かけるが、残念ながらこれだけでは筋肉量の低下の抑制や増加は難しい。

最近では、多くの自治体などで、無料もしくは割安な運動教室を開催しているし、ワンコインで気軽に利用できる「コンビニ型フィットネス」も増えている。

そもそも健全な高齢期を迎えるための予防対策は、40～50代から行われるべきもの。

若いうちから病気を予防し、比較的健康な状態で高齢期に移行できたら、今度は生活の自立をいつまでも身につけておく。そして、75歳以降は、要介護の予防を行うというのが理想的なプランである。病気の予防は、医療費の節約にもつながる。

今、高齢期を迎えている親の病気やケガの予防を講じつつ、子ども世代は、将来に向けて自分たち自身の予防も考えておきたい。

図表 **74歳までは「脳血管疾患」に気をつけたい!**

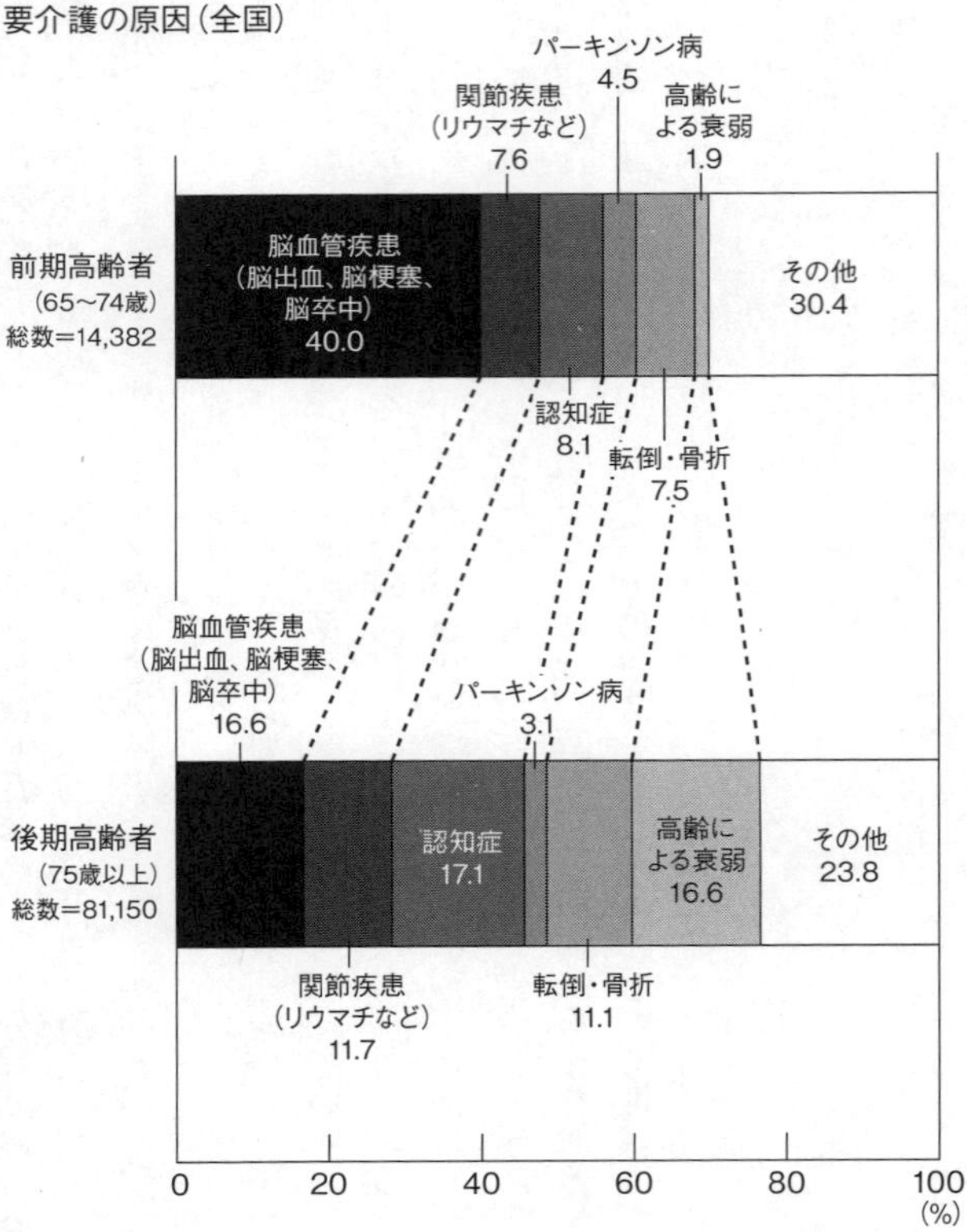

（注）総数は、介護を要する者数10万対の数値
出所：厚生労働省「国民生活基礎調査」（平成22年）

国民1人当たりの
一生にかかる医療費は？

答え ①：2600万円

厚生労働省のデータによると、国民1人につき生涯で必要となる医療費は2600万円（男性2500万円、女性2700万円）となっている（生涯医療費〈2014年度統計〉）。かかった医療費は50％となっており、高齢になるほど医療費がかかる。実際は、自己負担3割（70歳以降は2割／現役並み所得者を除く）の場合、前述のデータから1人当たり650万円を家計から捻出しなければならない。とくに医療費が増加する70歳以降の支出額をいかに減らすかは、早めの予防対策次第だ。

第3章

第1部

「親の老後」の悩み、すべて解決します

「認知症」「介護」に備える

（1）要介護状態になったら？ 介護サービスを受けるには

Q

11月11日は介護の日。これは厚生労働省が2008年7月に発表・制定したもので、「いい日、いい日」の語呂合わせから制定したそう。さて、介護保険の保険料を払う人について、正しいのはどちら？

①健康保険に加入している40歳以上の人
②国民年金に加入している20歳以上の人

答えは109ページへ

２０００年4月にスタートした**公的介護保険制度**は、介護が必要な高齢者に介護サービスを提供する社会保険制度の1つ。今の日本において、介護を上手に行うには、介護保険を使いこなすことが不可欠だといえる。

ただし、介護保険は、しくみが複雑で改正も多い。介護のプロでもきちんと理解するのが難しい。ここでは、最低限おさえておきたいポイントを挙げておこう。

要介護状態になったら、まずどこへ相談に行く？

介護保険の介護サービスを使うためには、市区町村から要介護認定を受ける必要がある。これは、どの程度介護サービスが必要かを判断するための審査である。

原則として65歳になると「介護保険被保険者証（以下、介護保険証）」が送られてくる。これを見せれば介護サービスを受けられると勘違いしている人が多いが、医療保険証と違って、介護サービスを受ける前に改めて、「申請→認定」の手続きが必要だ。介護サービスを受けるための流れは、次のとおりである（１０３ページ図表1参照）。

要介護認定の手続きは、要介護者の住む市区町村の介護保険課・高齢福祉課などの窓口もしくは、地域包括支援センターで行う。地域によってさまざまだが、地域包括支援センターには、主任ケアマネジャー＊が常駐しており、スムーズに事が進む可能性が高い。簡単な見積もりくらいは教えてもらえるかもしれない。

申請時には、介護保険証（65歳未満は医療保険証）とかかりつけ医の診察券があれば持参しよう。申請書類に「主治医意見書」を依頼する希望連絡先を記入する欄があるためだ。かかりつけ医がいなければ、その場で近くの医師を紹介してもらい診察を受ける。

かかりつけ医には、自治体から直接依頼が行く。できれば、あらかじめ介護保険の意見書を依頼する旨を連絡し、最近の不自由な様子を口頭で伝えるか、メモ書きを渡しておくのがベターだろう（かかりつけ医について詳細は第2章〈1〉64ページ〜参照）。

＊主任ケアマネジャー……2006年度に新設された新しい職種。地域のケアマネジャー（介護支援専門員）のまとめ役的存在で、新人ケアマネジャーの指導・育成・相談、ケアプラン（介護サービス計画）作成時のケアマネジャーへの支援や相談などがおもな業務。

図表1 介護サービスを受けるための流れ

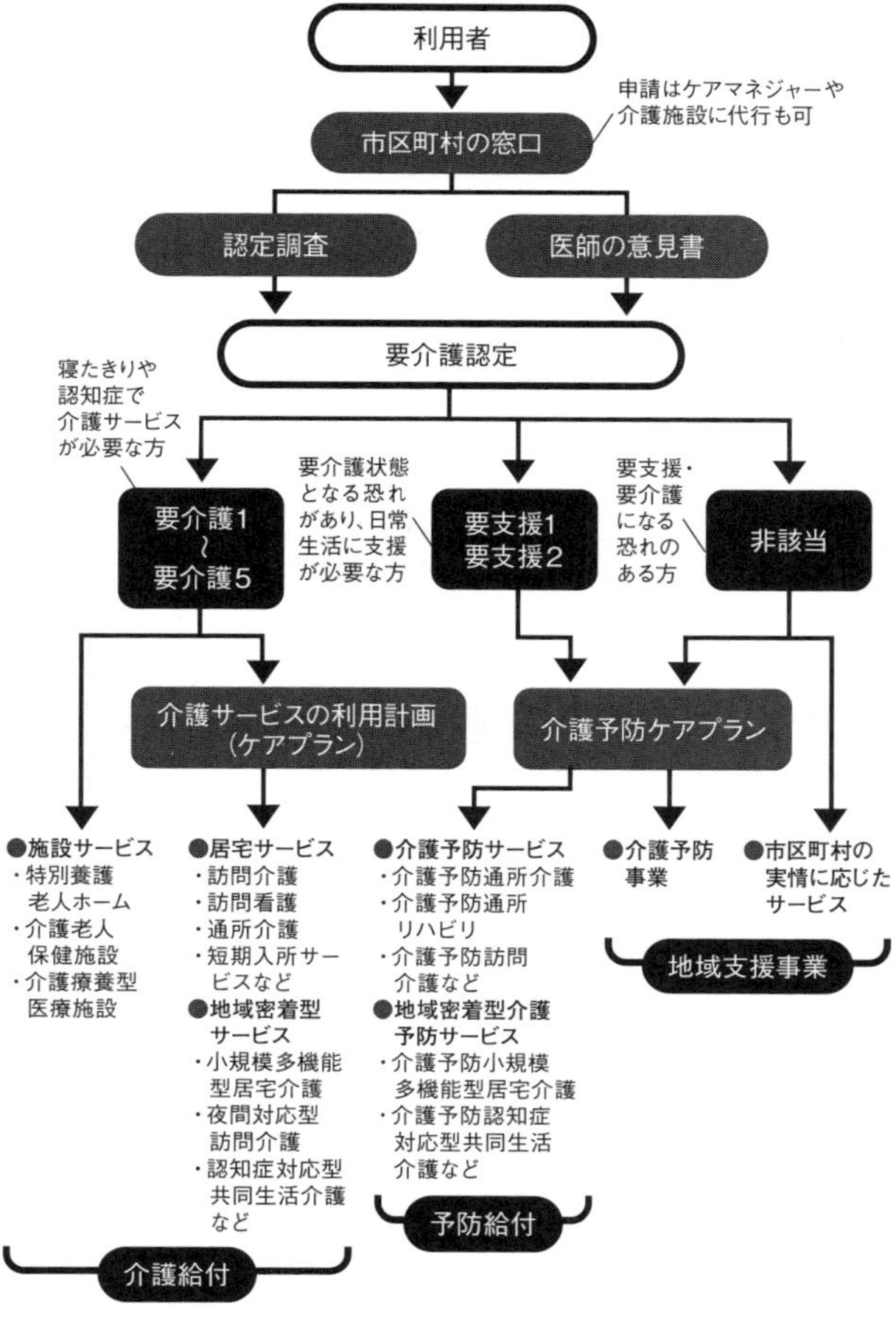

「認定調査」を受ける前に知っておきたいこと

申請すると、1週間以内に調査員が利用者宅を訪ねて基本調査（認定調査）が行われる。

基本調査にかかる時間は、おおむね1時間程度。できるだけ家族は同席した方がよさそうだ。プライドの高い高齢者は、初対面の調査員には、何でも「できます」とつい答えてしまいがち。それに、わずかな調査時間内に正しく日頃の様子を知ってもらうには、食事や入浴、買い物、排せつなどに関して、介護や見守りにかかる実際の手間や時間を「特記事項欄」にきちんと記載してもらうことが重要だ。

とくに、認知症の場合、気候や時間帯によって状態が違うことも多い。日頃の様子をメモ書きして、整理しておくとよいだろう。スマートフォンなどで動画を撮影しておくのもお勧めだ。

親と離れて住んでいて、ふだんの様子がわかりにくければ、冷蔵庫や食器棚などに賞味期限切れの食べられないものが入っていないか、同じものを大量に買い込んでいないか、トイレなどの汚れ具合はどうかなど、暮らしぶりを観察した上で、調査に臨むようにしよう。

基本調査の調査票は、事前に入手できる。心配な人は、質問項目を確認し、要介護者本人と相談しながら回答を準備しておいてもいいだろう。

なお、要介護認定の有効期限は、初回は6ヵ月、更新の場合は1〜2年となっている。認定結果に納得がいかない場合、60日以内に都道府県の介護保険審査会に不服申し立てができる。また有効期限内に状態に変化があれば、いつでも要介護度の変更申請が可能だ。

要介護度の目安と支給限度額について

要介護認定を受けると、1ヵ月以内に認定結果が文書で送られてくる。結果は、重い順に①要介護1〜5（日常的に介助が必要）、②要支援1・2（介助が必要だが比較的自立した生活ができる）、③自立（非該当）の8種類。①②と認定されると、介護（予防）サービスを一定（原則**1割**。2015年8月以降、上位所得者の場合は2割、2018年8月以降、現役並み所得者の場合は3割に引き上げ）の自己負担で利用することができる。

受けられるサービスは、要介護度や状態によって異なるので、ケアマネジャーなどにサービスの種類や費用をよく確認することだ。

また、いくらでも一定の自己負担でサービスが受けられるわけではなく、要介護度によって支給限度額が決められている（108ページ図表2参照）。

なお③の場合は、介護保険の介護サービスの対象外となる。ただし、自治体によって地域支援事業（配食サービスや家事援助サービス、緊急通報サービス、ゴミの訪問収集）が利用できる。

介護サービスの利用をするには？

サービスを利用するには、①の場合、ケアマネジャーへ介護サービス（介護給付）、②の場合、地域包括支援センターに介護予防サービス（予防給付）の利用を依頼する。

まず、介護サービスを利用する場合、「ケアプラン」が必要となる。

ケアプランの作成はケアマネジャーが行い、本人や家族の現在の状況や環境、希望に沿った介護サービスを適切に行うための利用計画書のようなもの。

作成するに当たっては、「ひとり暮らしで、脳卒中で倒れて入院し、退院して間もない。現在は歩行が不安定だが、足の筋力を回復させ、自分で家事ができるようになりたい」など、これからどのような生活を目指していきたいかイメージしながら、希望や要望、困りごとを具体的に伝えることが大切だ。ちなみに、ケアプラン作成料は無料で介護報酬から支払われている。

なお、認定結果が出る前に介護サービスを利用することもできる。要介護認定は、申請日までさかのぼって適用されるためで、その間に利用した分も介護保険の対象となる。

ただし、予想よりも認定結果が軽かった場合、全額自費となったり差額が出る可能性もある。あらかじめ、ケアマネジャーに相談して、だいたいの目安を見積もってもらおう。

図表2 介護サービスへの支給限度額

要介護・要支援度	身体状況の目安	支給限度額／月
要支援1	日常生活の動作の一部（入浴、掃除など）に何らかの介助を必要とする。	**50,030**円
要支援2	要介護1相当ではあるが、生活機能の維持改善の可能性が高い。	**104,730**円
要介護1	日常生活の動作の一部や移動の動作などに何らかの介助を必要とする。物忘れおよび理解の一部低下が見られることがある。	**166,920**円
要介護2	日常生活の動作、食事、排せつなどに何らかの介助や支えを必要とする。物忘れおよび直前の動作の理解に一部低下が見られる。	**196,160**円
要介護3	日常生活の動作、食事、排せつなどに介助や支えを必要とする。物忘れおよび問題行動、理解の低下が見られる。	**269,310**円
要介護4	食事、排せつを含む日常生活全般が自分一人ではほとんどできない。多くの問題行動や理解の低下が見られる。	**308,060**円
要介護5	食事、排せつを含む日常生活全般が一人ではできず寝たきり状態で、全般的な理解の低下が見られる。	**360,650**円

※利用する在宅サービスの種類や回数によって支給限度額が変動する（表中の金額は目安）。2017年12月1日現在

介護保険の保険料を払う人とは？

答え①：健康保険に加入している40歳以上の人

介護保険料は、健康保険や国民健康保険に加入する40歳以上65歳未満の人（第2号被保険者）と、65歳以上の人（第1号被保険者）が払わなければならない（ただし、第2号被保険者は、老化に起因する特定の病気〈末期がんなど〉によって要介護状態になった場合に限り、介護サービスが受けられる）。第2号被保険者は、健康保険料と一緒に給料天引きなどで支払う。第1号被保険者は、年金額が月額1万5000円以上の場合、公的年金から自動的に差し引かれ、年金額が月額1万5000円未満の場合、市区町村に個別に納める。保険料は、給与や年金の額で決まるが、介護給付費は伸び続けている。保険料も上がる傾向にあることは、確実だろう。

(2)ケアマネジャーで介護の満足度が大きく左右される!

Q

介護サービスの担い手となっている「ケアマネジャー」と「ホームヘルパー」。現場の介護サービスの調整などを行うのは、次のうちどちら?

①ケアマネジャー
②ホームヘルパー

答えは117ページへ

介護に関する情報には必ず登場する「ケアマネジャー（介護支援専門員、以下、ケアマネ）」は、いわば〝介護の道先案内人〟ともいえる存在だ。

ケアマネのおもな業務は、①要介護者やその家族からの相談や助言、②利用者の状態に合ったケアプランの作成、③サービス事業者への連絡や手配などとなっている。

ケアマネは、介護サービスを受けるにあたって、地域のどこでどんなサービスが受けられるのかを熟知した介護の専門家。さまざまな相談に乗ってくれる頼もしいパートナーとなる。ケアマネ選びは、介護の満足度を大きく左右する重要な要素なのだ。

信頼できるケアマネジャーの選び方

ケアマネは、介護サービスの利用窓口となる居宅介護支援事業者に所属している。

ケアマネを選ぶ手順は、市区町村の介護保険の担当窓口もしくは地域包括支援センターから事業者一覧のリストを入手し、そのなかから本人や家族が選んだ事業者に連絡して、面談などを通して選ぶパターンが一般的だ。

しかし、リストをポンと渡されても、住所と電話番号がわかるだけで、そのよしあしは何もわからない。

厚生労働省では、2014年10月から「介護サービス情報公表システム」をリニューアル。事業所の特色、ケアマネの数、利用者数など、必要最低限の情報が閲覧できる。慣れない人にはやや見にくいかもしれないが、事業所を比較する参考になるだろう。

また、主任ケアマネが常勤配置され、質の高いケアマネジメントを実施している優良な居宅介護支援事業所は、介護報酬を算定する上で「特定事業所加算」が行われている。加算されることで介護費用が割高になってしまうため、要件を満たしていても、あえて同加算分を請求しない事業所もあるようだが、ケアプラン作成自体は無料なので、良質なケアプランを、ということであれば、この対象となっている特定事業所を軸に探すとおトクかもしれない。

そこで信頼できるケアマネを選ぶ際のポイントは、次のとおりである。

①よく話を聞いてくれる

よいケアマネは、利用者によってケアプランがすべて違う。こちらの話をよく聞く前から「デイサービスが週2回で、ヘルパーさんには週3回来てもらいましょう」などと決めつけてしまうようなケアマネは、できれば避けたい。

要介護者や家族の困りごとや要望を十分に聞き、利用者の立場でベストな方法を考えてくれるケアマネを選ぶためにも、困っていることを素直に伝えよう。とくにお金については、選択できるメニューが変わってくるので、正直に、現在の状況を申し出ること。

また、介護保険における介護とは、あくまでも自立支援をサポートするもの。「今は車いすだが、3ヵ月後には歩いて散歩に行きたい」「春にはお花見に行きたい」など、本人や家族の希望や目標を立てて、そのためには今、何をしなければならないかを考えるのが本当のケアプランなのだ。

②情報を広く持っており、説明がわかりやすい

実際に利用し始めてからトラブルになりやすいのは、知識不足・情報不足のケアマネが担当者になってしまった場合である。その地域で使えるサービスがわかっていないのではお話にならない。サービス内容や利用料金について、わかりやすく説明してくれるかどうかも大切だ。介護に専門用語はつきもので、予備知識のない一般人にとってはちんぷんかんぷんな用語も多い。

また、ケアマネは経験値がモノをいう仕事でもある。ケアマネを選ぶときに「この地域での経験年数5年以上の人をお願いします」と希望を伝えるのも一手だ。基本的にはケアマネの指名は不可だが、要望を出すのは問題ない。

③連絡・調整をこまめにしてくれて対応が早い

利用者の希望に沿うようサービス事業者と調整を行うのも、ケアマネの大切な仕事である。気軽に足を運んでくれて、対応が早く、苦情処理などの対応が誠実というのも重要なポイントだ。何かあったらすぐ来てもらえるように、なるべく利用者の自宅近くの事業者に所属するケアマネを派遣してもらうとよいかもしれない。

1人のケアマネが担当できる利用者の数は35人が基本。採算を合わせるため、多くの利用者をキープしているケアマネも少なくないが、できれば担当している人数は、そんなに多くない方がありがたい。

④所属するサービス事業者のサービスを無理に勧めない

本来、ケアマネには中立性が求められる。自分の所属する事業者のサービス以外の情報も持っていて、必要に応じてさまざまな選択肢を示すことができなくてはならない。なかには、自分の所属する特定のサービス事業者を利用するよう強く勧めてくる営業担当者のようなケアマネもいる。「まず契約してください。話はそれからです」など契約を急がせるケアマネであれば、ほかを検討した方がよさそうだ。

⑤利用者のニーズに合った出身資格のケアマネを選ぶ

ケアマネジャー試験が受けられる資格要件は、保健、医療、福祉の専門業務あるいは施設などで相談援助や介護業務に5年以上従事した者等となっており、多岐にわたる。ただ、職種別合格者の割合を見ると、実に8割近くが介護福祉士などの福祉系である（「第16回介護支援専門員実務研修受講試験の実施状況について」厚生労働省）。

しかし、近年の介護の現場では、末期がん患者など在宅療養者のなかに医療ニーズの高い人が増えている。

利用者が医療系サービス、介護系サービスいずれがおもに必要になるのかによって、そのニーズに合った資格を保有するケアマネを選ぶことも大切だ。

ただし、その分野に詳しいケアマネが、その利用者にとってよいケアマネとは限らない。ケアマネ本来の職分は、連絡・調整にある。専門知識が十分でなくとも、医療・介護・福祉の3つをいかにうまく連携させられるのかがケアマネの腕の見せどころ。ケアマネに対する過度な要求は、控えるべきだろう。

⑥要介護者や家族との相性がよい

介護のプロといっても、所詮は、人対人の仕事である。しかも、日常生活やプライベートな部分にまで立ち入らざるを得ない立場だ。要介護者や家族と相性が合うか合わないかは重要な要素だ。長くお世話になる相手だけに、経歴や資格、人柄など、さまざまな面からじっくりと判断することが必要である。

ケアマネジャーは変更できる

慎重にケアマネを選んだものの、どうしても親との関係がうまくいかない、要望にきちんと対応してくれないなど信頼関係を築くのが難しいことも少なくない。その場合、いつでもケアマネの変更ができる。ケアマネを変更する方法は、次の3つ。

①ケアマネ本人や居宅介護支援事業者に変更したい旨を伝える
②別の居宅介護支援事業者にケアマネの変更を相談する
③市区町村の介護保険課や地域包括支援センターにケアマネの変更を相談する

なお、訪問介護など介護サービスそのものは気に入っている場合、ケアマネを変更しても、それまでの事業者に継続してサービスを提供してもらうように依頼できる。あるいは、介護サービスも変更する場合、契約時に取り交わした契約内容のなかに「1ヵ月前に申し出ること」など契約解除条項が明記されているので、それに基づいて手続きが必要である。介護サービスが受けられない空白期間をつくらないためにも、早めに手続きをしておきたい。

現場の介護サービスの調整などを行うのは誰？

答え ①：ケアマネジャー

ケアマネジャー（介護支援専門員）とホームヘルパー（訪問介護員）の大きな違いは、ケアマネジメントをする、または直接サービス提供を行うという立場の違いである。利用者のニーズをくみ取り、現場のサービス調整を行うのがケアマネジャーで、利用者を直接介護するのがホームヘルパーである。資格の難易度も異なるが、急激な介護市場の拡大と低賃金・重労働などにより、介護・福祉の現場における慢性的な人手不足が続いている。

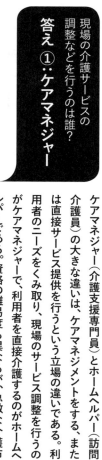

(3)「親が認知症かも?」と思ったら

Q

ある程度の年齢になれば他人事ではない「認知症」。でも、その症状が加齢によるものなのか認知症なのかがわかりにくい。次のうち認知症の症状といえるのはどちら?

①作った料理を忘れて、食卓に出さない
②料理を自分で作ったのに、作ったこと自体を忘れる

答えは123ページへ

認知症とは、脳に起きた何らかの障害によって、いったん獲得された知的機能が低下し、日常生活を送ることが困難になる病気。誰もがかかる可能性のある身近な病気なのだが、誤解や偏見も多い。「親が認知症かも?」と感じたら、「気のせい」「年のせい」で済ませてしまわずに、些細な兆候も見逃さないようにすることが大切だ。

とくに、ひとり暮らしの高齢者は要注意。同居家族がいないため、認知症と気づかず、周囲とトラブルになったり、症状が進行してしまうケースが少なくない。

認知症の疑いがあれば、どこで受診する?

認知症の可能性があるのなら、できるだけ早く医療機関で受診することだ。最近では、「**もの忘れ外来**」を設置している病院も増えてきた。費用は全額自己負担だが、発見されにくい軽度の認知症も検査できる「もの忘れドック」(東京女子医科大学付属成人医学センターの場合6万171円〈税込〉)を実施したり、都道府県によっては、「**認知症疾患医療センター**」で診断や治療を行っているところもある。

ただ、自覚のない本人を連れて、いきなり専門医に行くのも抵抗があるだろう。まずは、かかりつけ医に家族が相談をする、もしくは本人が受診するなどして、そこで最適な専門医療機関を紹介してもらうという方法もある。

認知症というのは、本人に対してもデリケートな対応が求められる病気。無理に病院に連れていくなどすると、その後の信頼関係にも影響する。

本人が受診を嫌がる場合は、かかりつけ医から話をしてもらうなど、上手に説得して病院に連れていくようにしよう。それが難しい場合は、地域の精神保健福祉センターや、地域包括支援センター、市区町村の保健福祉窓口（物忘れ相談）などで相談すると、どのように対処したらよいかアドバイスしてもらえるだろう。

認知症の高齢者向け介護サービス

介護の現場においても、認知症の介護は大きな課題である。厚生労働省では２０１３年度から「認知症施策推進5か年計画（オレンジプラン）」を開始して、認知症になっても住み慣れた地域で暮らすことができる社会の実現を目指すとしている。

自宅で生活する場合、認知症の高齢者向けの介護サービスとしては、「認知症対応型通所介護」や「小規模多機能型居宅介護」、認知症治療やリハビリを行っている施設への「短期入所」、日中・夜間を通じて、訪問介護と訪問看護を一体的に提供する「定期巡回・随時対応型訪問介護看護」などがある。

　また、認知症の高齢者を介護する際に、家族など介護者の最も大きな負担になるのが、徘徊、暴言、妄想などといわれる周辺症状。これらの行動は、介護者にとっては、常識を超えた厄介な行動なのだが、認知症は脳の病気のため、いくら患者本人に言い聞かせても改善できない。四六時中見守りが欠かせず、施設への入居を検討するケースも多い。

　そこで認知症の高齢者向け施設としては、「認知症対応型共同生活介護（グループホーム）」や「介護老人福祉施設（特養）」「介護老人保健施設」「介護療養型医療施設」「介護付き有料老人ホーム」などがある。

　このほかにも、理学療法士や作業療法士らの専門家が、利用者にマンツーマンで提供する「**認知症短期集中リハビリテーション**」といった認知症に特化したサービスもあり、効果が出ているという。

　ちなみに、認知症の程度が重くなると介護費用も増える。要介護度が1以下でも、認知症が重度だと介護費用は月5万7000円。要介護度が4～5で認知症が重度であれば12万6000円に跳ね上がるという（公益財団法人家計経済研究所の調査）。

認知症介護の注意点とは？

在宅介護でも施設入所でも、認知症の高齢者を介護する際に注意しておきたいのは、急に環境が変わることや、なじみのない人や場所にはとてもストレスを感じやすいという点だ。それによって、症状が悪化することも少なくない。

まだまだ元気だと思っていた70代の父親が、マイホームを建て替えたとたん、環境が変わって、認知症を発症したというケースもある。

またひとり暮らしの親が認知症を発症し、すぐに同居や施設入所ができず、それまでの期間をヘルパーによる訪問介護を利用しながら生活することに。すべてをヘルパー任せにしたため、認知症が進んだという。できること、できないことの見極めも大切だ。

いずれにせよ、認知症の程度や現在の環境などをふまえて、ケアマネとよく相談して介護サービスを決めていくことになる。同じ認知症であっても、女性に多いアルツハイマー病の場合は、比較的にぎやかに施設などで過ごす通所系サービス。一方、男性に多い脳血管性認知症の場合は、静かにマイペースで過ごせる自宅への訪問系サービスを中心にするなど、利用者の症状や性格に合ったサービス選択も考えられる。

認知症の症状といえるのは？

答え②：料理を自分で作ったのに、作ったこと自体を忘れる

普通の物忘れは体験の一部を忘れるが、認知症の物忘れは、体験の全体を忘れる。したがって、作った料理をうっかり食卓に出し忘れるのは、加齢に伴う老化現象だが、料理を作ったことや夕食を食べたこと自体を忘れてしまうのは、認知症の症状の1つ。85歳以上では、4人に1人にその症状があると言われている。

(4) 介護離職はしてはいけない!

Q

育児・介護休業法では、介護の必要な家族のいる労働者が、その家族の介護のために取得できる介護休業について定めている。次のうち、介護休業が取得できる人はどちら?

①実母が転倒してぎっくり腰になり、10日間は常に介護が必要なAさん

②義父が交通事故で大けがを負い、3ヵ月間は常に介護が必要なBさん

答えは133ページへ

働き盛りの子ども世代にとって、仕事と介護の両立は大きな問題である。しかし、特別養護老人ホームは、数百人単位の待機者がいる。民間の介護付き有料老人ホームは、相当の費用がかかる。となると、仕事と介護の板挟みに合い、仕事を辞めざるを得ない人もいる。

２０１３年に総務省が発表した「就業構造基本調査」によると、仕事を持つ介護者の数は、約２９０万人。就業者全体の４・５％を占める。さらに、過去5年間に介護が原因の離職者は約49万人で、毎年８万〜10万人もの人が介護によって職場を去っている。

介護による離職者の多くは女性。しかもパートなど非正社員だが、働き盛りの40代、50代の正社員で働く男性が介護を行うケースも増えている。

年齢階層別・性別の介護者（就労者）を見ると、介護者が最も多い50代では、男性が４割以上を占める。男性にとっても、介護は身近な問題となりつつあるのだ。

今後、少子化で就労人口が減り、高齢化で要介護人口が増えれば、働きながら介護をする人がさらに増加するであろうことは想像に難くない。

知っておきたい介護休業のための制度

この問題に対して国は、「育児・介護休業法」を定めて、「介護休業」や「介護休暇」「勤務時間短縮等の措置」などの制度を設けている（左ページ図表参照）。

これらの制度は法律で定められたものであり、勤務先の就業規則になくても利用できる。また、パートタイムやアルバイト、派遣労働者であっても一定の条件を満たしていれば、介護休業を取得することが可能だ。

企業によっては、介護休業の期間を法定期間（93日）以上の1年。なかには2年以上に延長しているところもある。もちろん、大企業の方が手厚い場合が多いものの、今や、うつ病などの精神疾患やがん患者など、何らかの事情を抱える従業員は少なくない。最近は「健康経営」が話題だが、彼らをいかに活用していくかが、企業にとっても大きな課題なのだ。

また、介護休業期間中の賃金については、残念ながら、法律に規定がなく、勤務先の就業規則または労働協約の定めによる。

とはいえ、介護で仕事を休めば給料が入ってくるアテはないというのでは、介護休業も取得しにくかろう。ということで、雇用保険から「介護休業給付金」が支給され

図表 仕事と介護の両立のための公的支援制度にはどんなものがあるか?

介護休業	対象家族1人につき、要介護状態ごとに3回を上限として、通算して93日まで(短時間勤務を取った期間があれば、それと合わせて93日)。取得するには、原則として2週間前までに、書面などで事業主に申し出る必要がある。
所定外労働の短縮等の措置(短時間勤務等)	事業主は、次のいずれかの制度を講じる義務がある。 ・短時間勤務(1日に6時間勤務など、日、週、月の勤務時間の短縮制度) ・フレックスタイム制 ・始業・終業時刻の繰り上げ・繰り下げ(時差出勤) ・介護サービスの費用助成制度そのほかこれに準ずる制度
介護休暇	対象家族1人につき、1年度に5日まで、対象家族が2人以上の場合は1年度に10日まで、介護休業や年次有給休暇とは別に、半日単位で休暇を取得できる。
法定時間外労働の制限	労働者が請求した場合、事業主は1ヵ月について24時間、1年について150時間を超える法定時間外労働をさせてはいけない。
深夜業の制限	労働者が請求した場合、事業主は深夜(午後10時から午前5時まで)において労働をさせてはいけない。
配置に関する配慮	転勤をさせるときは、事業主は労働者の介護の状況に配慮しなければならない。
不利益取り扱いの禁止	介護休業、介護のための所定外労働の短縮などの措置、介護休暇、法定時間外労働の制限、深夜業の制限などについて、申し出をしたこと、または取得したことなどを理由とする解雇その他の不利益な取り扱いは禁止されている。

る。支給額は介護休業前賃金の67％（介護休業開始が2016年8月以降。それ以前は40％。上限額あり。最大93日）で、ハローワークでの手続きが必要だ。ただし、65歳以上の高年齢継続被保険者になってから介護を始めた人や、介護休業を始めるときに、介護休業終了後に退職する予定のある人は対象外。あくまでも職場に復帰する人のための措置だ。

また、休業中に結構な負担となるのが、健康保険や厚生年金などの社会保険料。混同している人も多いが、法律で明確に社会保険料の免除が規定されているのは、育児休業のみ。介護休業については、社会保険料は免除されない。

なお、税金は、介護休業中に賃金の支払いがあれば、その分の所得税は納付しなければならない。もちろん、無給であれば所得税もなし。介護休業給付金は非課税だ。

まだまだ低い「制度」の認知度と利用率

しかし、制度があったとしても利用する人が少ないのでは意味がない。

統計では、介護休業等制度の利用率は15・7％と低い。雇用者はこれらの制度を利用するよりも、年次休暇の取得や欠勤、遅刻、早退などによって、その都度対応しているのが現状のようだ。制度の利用が進まない要因として、「介護で休む」とは言い出しにくい職場の雰囲気を挙げる人は多い。

近年、家族を介護する社員への心理的ストレスや嫌がらせといった「**ケアハラスメント**」が取り沙汰されているように、介護を理由に休めば役職が下がる、評価が出ない、周囲の視線が気になるといった切実な声もある。

また、制度の使いにくさもある。取得するために家族が要介護状態であることを証明したり、または取得予定日の1週間前に申請したりしなければならず、使いたいときにすぐに使えない。

ただし、制度に関しては改正の動きもある。2017年1月、改正育児・介護休業法が施行され、家族1人につき原則1回に限っている介護休業を、分割して複数回取得できるようになるなど、制度が拡充されている。

介護離職のリスクは家族全体に連鎖する

介護離職についていろいろと調べているうちに、「なんだかどこかで似たような問題があったような」と感じ始めた。そうか、がん患者と就労の問題だ。

私自身ががん経験者ということもあって、罹患者やそのご家族から、がんと就労に関する相談を受ける機会も少なくない。

いずれも、働きたくても働けない状況である点は共通している。がん患者はそれぞれ、置かれている職場の状況や自身の病気の状態、家庭環境などすべて異なっており、「こうすれば仕事を辞めないでも済みますよ」という正解はない。ケースバイケースで柔軟に対応していくしかないのだ。がん患者のなかには、働いて治療費を捻出しなければ、「お金の切れ目が命の切れ目」となってしまう深刻なケースもある。

しかし、がんなどの病気で仕事を辞める人と、介護離職者の違いは、後者が本人自身は健康である点と「連鎖型リスク」になる可能性が大きいという点ではないかと思う。たとえば、子どもが介護離職をすると、子ども世代の収入が途絶える経済的リスクが生じ、親の生活とともに子どもの生活にも多大な影響を与える。

最近では、育児と介護を同時に抱える「ダブルケア」のケース。あるいは親世代は共働きで収入が高いため、結果的に、非正規雇用など低収入で働く孫に介護の役割が回ってくるケースも増えている。いわゆる「孫介護」だ。将来を決める大切な時期に、若い世代が「ヤングケアラー」となり、就職活動や学業が継続できないというのは、まさに介護離職がもたらす連鎖的リスクの結果にほかならない。

介護離職をしないための最後の選択？――「親から逃げる」

あるベテランケアマネジャーを取材したときのこと。

仕事と介護の両立に悩む介護者には、絶対に介護離職をしてはいけないとアドバイスするという。

「仕事を辞めたって何も変わりません。辞めてできることって、実はたかが知れているんですよ」

それどころか、介護離職で収入が減ったために、使える介護サービスを減らさざるを得ない。そのため、すべて自分でやることになり、介護者のストレスが増える。

そのストレスが要介護者への虐待につながるといった最悪の事態に陥る可能性もある。仕事を辞めれば今よりラクになるというのは、幻想にすぎない。

それでは、介護離職をしないためにはどうしたらよいのだろうか。

「もう無理だ、限界だと感じたら、親を放り出してもいいと思うんです」――『ルポ介護独身』（新潮新書）の著者でもあり、多くの介護者の取材をしてきたルポライターの山村基毅氏の言葉だ。

取材をしてきた介護者のなかには、殺すか殺されるかといったギリギリの状態まで追い込まれる人もいたという。「まずは、自分ができるところはここまで、と割り切って、あとは公的なサービスに委ねるしかないでしょう。そして最後の最後まで追い詰められたら、そのときは放り出して逃げればいい」。

親の立場からすると、ずいぶん乱暴な話かもしれない。でも子どもだってつらいのである。

少なくともいえるのは、このような極限状態になる前に、早めに何らかの対策を講じておくこと。介護のためのお金と情報の「貯蓄」に励んでおこうということくらいかもしれない。

介護休業が取得できる人は？

答え ②：義父が交通事故で大けがを負い、3ヵ月間は常に介護が必要なBさん

介護休業の対象となるのは、「2週間以上の長期にわたり常時介護を必要とする状態にある家族」で、「配偶者（事実婚を含む）、父母、子及び配偶者の父母並びに、同居し、かつ扶養している祖父母、兄弟姉妹及び孫」とされている（2017年1月1日より、同居・扶養要件は廃止）。したがって、Aさんは介護休業を取得できないが、Bさんは取得できる。

(5)介護にはどれくらいお金がかかる?

Q

老後の暮らしにかかる費用を考える上で、介護費用は外せない。介護サービスを受けるときの一時費用の平均はいくら?

①80万円 ②201万円

答えは141ページへ

介護費用がどれくらいかかるのか？　おそらく多くの人の関心事だろう。

ところが介護費用というのは、自宅で介護するのか、施設に入所するのか、要介護度はどれくらいか、認知症を発症しているかなどによって、大きく異なり、ひと言で説明するのは難しい。

在宅介護の費用は平均月額6万9000円

それでは、おおまかな費用の目安を在宅介護から考えてみよう。

在宅介護にかかるお金は、大きく分けて2つ。①介護保険の介護サービス利用料（訪問介護や通所介護など）、②介護サービス以外の費用（医療費やおむつ代など）である。

公益財団法人家計経済研究所が行った調査（2011年）によると、①②の合計は月額6万9000円（①は月額3万7000円、②は月額3万2000円）。

ただし、介護保険は、要介護度に応じて1ヵ月当たりの支給限度額が決まっている。支給限度額の範囲内であれば、サービスの利用に応じて自己負担は原則1割で、それを超えると全額自己負担となる（140ページ図表参照）。これがいわゆる「**上乗せサービス**」である。

したがって①については、介護保険の支給限度額（自己負担1割の場合）でカバーできた全体の平均は1万3000円で、残り2万4000円は全額自己負担分だ。

②についても、おむつなどの介護用品は、自治体によって現物の支給や費用の助成制度などがあることが多い。したがって、実際の負担はこの金額よりも軽くなる可能性もある。

多くの世帯では、介護保険の支給限度額の範囲内でサービスを利用している。しかし、個々の事情によって、支給限度額以上の介護サービスや、介護保険外のサービス（いわゆる「横出しサービス」）を利用している人もいる。たとえば、親と別居している場合、子どもが直接介護できない分、外部のサービスに頼らざるを得ないといったケースだ。

このような世帯では、介護保険でカバーされない部分の負担が重く、さらに要介護度が高いほど自己負担額も多くなるという傾向がある。

介護費用の平均はあくまでも目安と考えておく

これらの結果から、だいたいの在宅における介護費用を試算してみよう。

平均的な介護期間は59・1ヵ月（4年11ヵ月）（「平成27年度生命保険に関する全国実態調査」生命保険文化センター）となっている。

前述の在宅介護にかかる費用の月額5万6000円（実質的な自己負担分）×59・1ヵ月＝330万9600円となる。

一般的に、介護費用にかかる自己負担は、月額3万～5万円程度が多い。これに平均的な介護期間で計算して、目安として300万円程度を準備しておけばよいともいわれるので、この試算結果は妥当な数字に思える。

だが、これは「かかる」というよりも、これ以上「かけられない」といった意味合いもあるような気がする。

実際には、徘徊が収まらない認知症の親のために、徘徊高齢者探索サービスやタクシー代などで、月額40万円以上の費用を負担している人もいるし、身の回りのことなどは家族がやるので、自己負担は月額2万円程度という人もいる。

つまり、介護費用の平均というのは目安にすぎないと覚悟しておくべきだ。ただし、お金があれば、それだけ選択肢の幅が広がる。

突然、親が要介護状態になって、慌てて相談に行った自治体などの窓口で、「ご本人の貯蓄はどれくらいありますか？　あなたやごきょうだい（子どもたち）の収入はどれくらいですか?」と根掘り葉掘り尋ねられて、驚いたという人も少なくないのだ。

介護費用を節約するための考え方とは?

介護費用を節約するための具体的な制度については、次節に詳しく述べるが、まずは根本的な考え方について述べておきたい。

そもそも介護保険は、従来の自治体がサービスを決定するというしくみから、利用者自身がサービスを選択し、契約に基づいてサービスを利用するというしくみに大転換して成立したものである。

基本的には一定の自己負担のみでサービスが利用できるが、それでもあれやこれやとサービスを増やすと、当然負担額も大きくなってくる。

要するに、介護費用を軽減したければ、使うサービスを絞るというのが基本だ。

もちろん、そうなると要介護者や介護者の生活に支障が出る可能性も大きい。その場合、地域の人々が善意で行っているボランティアなどを活用できないか検討してみよう。

なお、勘違いしてトラブルになる場合も多いが、自宅を訪問して、身体介護や生活援助を行ってくれるホームヘルパーは「お手伝いさん」ではない。

このような仕事に従事している人は、おおむね優しくて、人のお世話をすることが嫌いではない。だから、訪問先で頼まれればついやってしまうという。だが、介護保険は、あくまでも自立を支援するためのものであり、契約を伴うサービスなのだ。

自分でできることは、やるようにする・させるのが、本人にとっても大切なことであり、その見極めが、結果的に介護費用の軽減につながる。

図表 **介護保険からの給付と自己負担の関係**

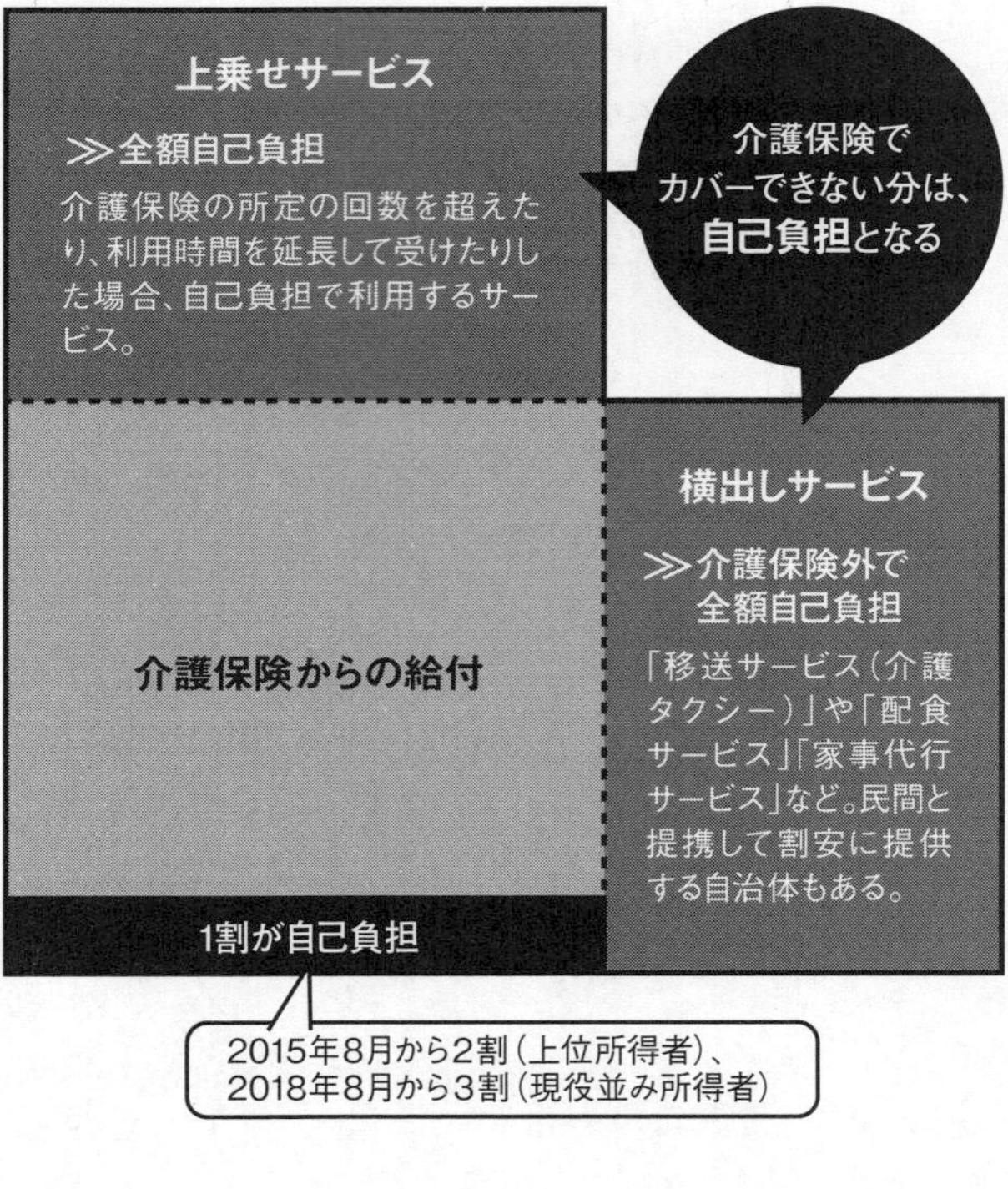
上乗せサービス
≫全額自己負担
介護保険の所定の回数を超えたり、利用時間を延長して受けたりした場合、自己負担で利用するサービス。
介護保険でカバーできない分は、自己負担となる
横出しサービス
≫介護保険外で全額自己負担
「移送サービス(介護タクシー)」や「配食サービス」「家事代行サービス」など。民間と提携して割安に提供する自治体もある。
介護保険からの給付
1割が自己負担
2015年8月から2割(上位所得者)、
2018年8月から3割(現役並み所得者)

介護サービスを受けるときの一時費用の平均は？

答え①：80万円

「平成27年度生命保険に関する全国実態調査」（生命保険文化センター）によると、過去3年間に家族や親族の介護経験のある人が介護に要した費用（公的介護保険サービスの自己負担費用を含む）のうち、一時費用（住宅改造や介護用ベッドの購入など一時的にかかった費用）の合計額は、平均80万円。ただし、一時費用の分布では、「かかった費用はない」17・3％、「15万円未満」13・9％とあまり費用がかかっていない割合も多い。

（6）介護にかかる費用を節約するには？

Q

介護保険には、寝たきりや認知症の高齢者を在宅で介護している家族に対して、介護サービスを使わずに1年間介護すると、10万円がもらえる制度がある？

①ない　②ある

答えは152ページへ

育児と違って、介護は、いつまで続くか先が見えない。自分の両親だけでなく、配偶者の両親も合わせると、20年以上介護が続いているという人もいるし、いずれの親も要介護状態になる「同時多発介護」が起きると、どちらの親を優先して、費用をどうするかを考えるだけでも気が遠くなりそうだ。

子ども世代が、親の介護で、自分たちのお金を使ってしまうと、その後の自分の老後にも影響が出かねない。これらをふまえた上で、利用できる制度は積極的に活用しよう。

①支払った介護費用が戻ってくる「高額介護サービス費制度」とは？

介護費用の負担を軽減させるための制度として「高額介護サービス費制度（以下、介護サービス費）」がある。医療保険の「高額療養費制度」の介護保険版といえる（高額療養費制度について詳細は第2章〈4〉83ページ参照）。

介護サービス費の負担上限額は、所得によって4つの区分に分けられる（146ページ図表1参照）。

対象者には、サービス利用から2～3ヵ月後に市区町村からお知らせがくるので、忘れずに申請を。利用した介護サービス費を確認するため、領収書などの提示を求められることもあるので、きちんと保管・整理しておこう。

ちなみに、以前は支給対象となる月ごとに申請が必要だったが、2005年10月の介護サービス利用分から、1回の申請で済むようになった。初回に申請しておけば、介護サービス費が発生した月は、指定口座に自動的に振り込まれるしくみだ。

なお、施設の入所やショートステイ、病院の入院で発生する食費、居住費、差額ベッド代、日常生活費、住宅改修費、福祉用具購入費は対象とならない。

この制度は立て替えが必要のため、自治体によっては、高額な介護サービス費の支払いが困難な場合、保険給付の見込み額の範囲（一世帯20万円までなど）で、無利子で資金を貸し付ける「**高額介護サービス費貸付制度**」を設けている。

②医療費も介護費も、という人なら「高額医療・高額介護合算療養費制度」を！

高齢になると、介護だけでなく、医療にもお金がかかる可能性が高い。そんなときは、医療費と介護費の自己負担額を合算して払い戻してもらえる「**高額医療・高額介護合算療養費制度**」を利用しよう。

対象になるのは、毎年8月1日～翌年7月31日までの間に自己負担した医療保険と介護保険の合計額。医療保険の「高額療養費」と介護保険の「高額介護サービス費」で払い戻しを受けてもなお、合算制度の限度額（基準額）を超える場合、その超過分を払い戻してもらえる（150ページ～図表2参照）。

高額療養費など利用してさらに、限度額を超えるというのは稀だろうが、たとえば「離れて暮らす親の介護費用を負担している子どもが、がんを発症し多額の医療費がかかる」「父親は病気で入院。母親は介護施設に入所している」などが考えられる。

世帯単位のため、同じ医療保険に加入し、かつ介護保険の受給者がいる世帯であれば、自己負担を合算できる。したがって、子どもが健康保険で、親が75歳以上で後期高齢者医療制度に加入している場合、合算の対象にはならない。

いずれにせよ、合算制度はしくみが複雑で、該当するかどうかを見極めるのは難しい。迷ったら、まず自治体の介護保険課の窓口に相談してみよう。そこで対象となれば「介護自己負担額証明書」を発行してくれるので、これを加入先の医療保険の窓口に提出すると介護保険と医療保険のそれぞれから払い戻しが受けられる。

③同居家族との「世帯分離」でオトクに

親子が同居している世帯にとって、介護費用を節約できる裏ワザとして使われているのが、住民票の「**世帯分離**」という手法だ。

高額介護サービス費のところで紹介したが、介護保険の負担上限額は、所得に応じて4段階に分かれている。ポイントとなるのは、その所得を判断するときに、利用者に限らず、同居家族の収入も含めた世帯全体の所得を合算するという点である。

図表1 高額介護サービスにおける利用者負担上限額(円/月額)

・高額介護サービス費とは……
自己負担の合計額(同じ世帯内に複数の利用者がいればその合計額)が一定の負担上限額を超えた場合、それを越えた分を取り戻すことができるというもの

所得段階	対象者		負担上限額
第1段階	生活保護受給者 市区町村民税非課税世帯の老年齢福祉年金受給者		**15,000円**
第2段階	市区町村民税非課税世帯で合計所得金額と課税年金収入額の合計が年額80万円以下の方		**15,000円**
第3段階	市区町村民税非課税世帯で合計所得金額と課税年金収入額の合計が年額80万円を超える方		**24,600円**
第4段階	一般	上記第1段階〜第3段階以外の方	2017年7月まで **37,200円** 2017年8月から **44,400円**
	現役並み所得者	上記第1段階〜第3段階以外の方で現役並み所得者(2017年8月から)	**44,400円**

たとえば、要介護5で介護サービスを1カ月に35万円分使ったAさんの場合、自己負担は3万5000円(自己負担1割)。しかし、Aさんの介護サービス費の上限額が1万5000円の「第2段階」であれば、差額の2万円が払い戻される

たとえば、Aさんは収入が国民年金78万円のみ。住民税は非課税で「第2段階」。一方、Bさんは、同じように年金収入78万円のみだが、住民税が課税されるだけの収入のある子どもと同居している。このため「第4段階」となり、上限額が4万4400円に跳ね上がる（2017年8月以降）。負担段階は、高額介護サービス費だけでなく、介護施設に入所した場合の部屋代や食事代、介護保険料のほか、健康保険の「高額療養費制度」にも影響を及ぼすことになり、負担する介護や医療にかかる費用が大きく変わる。

こんなBさんに、自治体の担当者が勧めたのが住民票上の「世帯分離」である。通常、同一の住所で暮らす家族は、ひとつの世帯員として住民票に記載されるが、世帯分離の手続きをすれば、親の収入と子どもの収入が合算されることはない。

本来、住民票は生活の実態に合わせて届け出るもの。介護費用を節約するという理由で世帯分離を届け出ることは認められておらず、自治体によっては受け付けてもらえないところもあるという。ただし、厚生労働省では、「世帯分離による節約は、今の仕組みでは違法とはいえない」という見解を示している（2014年7月21日付日本経済新聞）。

なお、世帯分離については、高齢者夫婦で世帯分離を行って介護費用を軽減させるといったケースもある。

その裏ワザを封じるかのように、２０１５年の介護保険改正では、世帯分離をしても「配偶者に住民税の課税所得がある人」は、補足給付（施設サービスなどの居住費と食費の一定額を補足するもの）が打ち切られることになった。

さらに、高齢になると遺族年金の可能性も高い。世帯分離をしていると、もし、どちらかが死亡し、遺族厚生年金の権利が発生するときに生計維持関係の証明が複雑になるので、お勧めできない。

④「医療費控除」の対象となる介護費用も合算が可能

医療費節約のところでも紹介した「医療費控除」は、支払った税金の還付が受けられる制度である（医療費控除について詳細は第2章〈4〉87ページ参照）。控除の対象となる「医療費」として介護費用の一部も合算できる。

対象となるのは、おもに次のような介護費用となっている。

・介護サービスのうちの医療系サービス（訪問看護、訪問リハビリ、居宅管理指導、通所リハビリ、医療系施設への短期入所。介護予防サービスも含む）。

・右記の医療系サービスと併せて利用した福祉系サービス（訪問介護〈生活援助を除く〉、夜間対応型訪問介護、訪問入浴、通所介護〈デイサービス〉、認知症対応型通所介護小規模多機能型居宅介護、短期入所生活介護〈介護予防サービスも含む〉）。ただし、要介護度別の上限額を超えた分は対象外。

・介護老人福祉施設（特養）の1割負担＋食事代と居住費の2分の1。

・介護老人保健施設（老健）と介護療養型医療施設などの自己負担＋食事代＋居住費など。

・介護用紙おむつ代やおむつレンタル料（医師の「おむつ使用証明書」が必要）。一度証明を取っておけば、翌年以降、介護保険の主治医の意見書に、おむつ使用の記載によって、市区町村から記載内容確認書（無料）が発行され、これを添付すればよい。

図表2 この額を超えた介護費は払い戻しを受けられる!

高額医療・高額介護合算療養費制度

●70歳未満の場合

	基準額
①区分ア (標準報酬月額83万円以上の人)	**212万円**
②区分イ (標準報酬月額53万～79万円の人)	**141万円**
③区分ウ (標準報酬月額28万～50万円の人)	**67万円**
④区分エ (標準報酬月額26万円以下の人)	**60万円**
⑤区分オ(低所得者) (被保険者が市区町村民税の非課税者等)	**34万円**

●70歳以上74歳未満の場合（2018年7月まで）

被保険者の所得区分	70歳以上（※2）
①現役並み所得者（年収370万円～） 健保　標準報酬28万円以上 国保・後期　課税所得145万円以上	**67**万円
②一般所得者（年収156万～370万円） 健保　標準報酬26万円以下 国保・後期　課税所得145万円未満（※1）	**56**万円
③−1　市町村民税世帯非課税者	**31**万円
③−2　市町村民税世帯非課税者（所得が一定以下）	**19**万円（※3）

●70歳以上74歳未満の場合（2018年8月から）

被保険者の所得区分	70歳以上（※2）
現役並み所得者（年収370万円～） ①−1　年収1160万円～ 標準報酬83万円以上　課税所得690万円以上	**212**万円
①−2　年収770～1160万円 標準報酬53～79万円　課税所得380万円以上	**141**万円
①−3　年収370～770万円 標準報酬28～50万円　課税所得145万円以上	**67**万円
②一般所得者（年収156万～370万円） 健保　標準報酬26万円以下 国保・後期　課税所得145万円未満（※1）	**56**万円
③−1　市町村民税世帯非課税者	**31**万円
③−2　市町村民税世帯非課税者（所得が一定以下）	**19**万円（※3）

（※1）収入の合計額が520万円未満（1人世帯の場合は383万円未満）の場合、および旧ただし書所得の合計額が210万円以下の場合も含む。

（※2）対象世帯に70～74歳と70歳未満が混在する場合、まず70～74歳の自己負担合算額に限度額を適用した後、残る負担額と70歳未満の自己負担合算額を合わせた額に限度額を適用する。

（※3）介護サービス利用者が世帯内に複数いる場合は31万円。

1年間介護すると、10万円がもらえる制度がある？

答え ②：ある

要介護4・5の重度介護高齢者を居宅で介護している家族に対し、過去1年間介護サービスを使わなかった、または医療機関へ通算90日を超える入院をしなかったなど、一定の要件を満たせば、10万円の「家族介護慰労金」が支給される。支給対象者は、住民税非課税世帯で住民税等において長期滞納のない人など。自治体によって対象者や支給額が異なるので、自治体の窓口などに確認してみよう。ただし、目先の利益にとらわれすぎて、共倒れにならないこと。介護を家族だけですべて行うのは、至難のワザだ。

第4章

第1部

「住まい」「不動産」を考える

「親の老後」の悩み、すべて解決します

（1）高齢者の住まいにはどのようなものがある？

Q

やっと見つけた有料老人ホーム。それなのに、入居1ヵ月で他の入居者とのトラブルで退去することに。入居一時金1000万円は自己都合の退去だから返還できないって言われた！　ホントに戻ってこない？

①戻ってくる　②戻ってこない

答えは168ページへ

最後まで、自宅に住みたいと希望する高齢者も多いと思うが、何らかの事情で施設や高齢者向け住宅への「住み替え」が必要な場合もある。イザというとき慌てないよう、どのような「住まい」の選択肢があるのかは知っておきたい。

ひとくちに高齢者の住まいといっても、さまざまなものがある（162〜163ページ図表1参照）。大別すると、公的施設か民間施設かで分けられるが、入居条件や設備・サービス、費用などに大きな違いがあるため、それぞれの特徴をしっかり理解することが大切である。次に、おもな高齢者向け施設・住宅について見てみよう。

①介護保険施設

介護保険制度のもとで中心的な役割を果たしているのが、次の3つの施設である。

（ア）介護老人福祉施設（特別養護老人ホーム）

いわゆる「特養《とくよう》」と呼ばれており、介護保険法と老人福祉法に基づいている。入所者は要介護5が最も多く、入居者の平均年齢は80代後半から90歳前後。全国に8000施設ほどあり、有料老人ホームと比較すると費用が割安（月額8万〜13万円前後が中心）。要介護度が重度で、経済的にも在宅介護が困難な人が優先的に入所するため、多くの施設で待機者がいるのが現状。2015年4月から、原則として要介護3以上が対象となる（要介護1・2の入所を認める特例入所もある）。ただ、実際に入所できるのはそれ以上の要介護者なので、あまり影響はないと思われる。

(イ)介護老人保健施設

いわゆる「老健《ろうけん》」と呼ばれており、介護保険法に基づいている。入所者は要介護4が最も多く、費用は月額8万〜13万円前後+医療費。運営主体は医療法人がほとんどで、本来は、病院と自宅の中間施設といった位置付け。在宅復帰を目指して6ヵ月をメドにリハビリなどを行う。実際には自宅に戻れない高齢者も多く、有料老人ホームへの転居や特養に入所するまでの待機場所として利用されるケースが目立つ。

(ウ)介護療養型医療施設

以前は「老人病院」と呼ばれていた。治療と介護が必要な65歳以上の高齢者が長期で入院できる。費用は月額9万〜25万円前後。治療を目的とする「入院」であるため、特養や老健に比べると、要介護度が高い人が多く、1人当たりの専用スペースは狭い。生活を重視する人には不向き。2017年6月に公布された改正介護保険法により、同施設の移転先として「介護医療院」の創設が決定。同施設は6年間の経過措置を設けて廃止となる。

②有料老人ホーム

有料老人ホームは、高齢者が民間事業者と契約して入居し、食事など日常生活に必要なサービスを受ける施設。設立には、都道府県や他の行政への届け出が必要となっている。民間施設だけに、料金設定も数百万〜数千万円とさまざま。ここでは介護保険の適用の有無、介護サービスの内容に応じた次の3つのタイプについて説明する。

(ア)介護付き有料老人ホーム

都道府県により、「特定施設入居者生活介護＊」の認定を受けている居住施設。有料老人ホームの多くを占める。要介護者のみの「介護型」、自立者も入居できる「混合型」、入居時は自立が条件の「自立型」がある。介護が必要になればその施設のスタッフから介護サービスが提供されて生活を継続でき、「終身介護」の安心感がある。

(イ)住宅型有料老人ホーム

バリアフリーの住居に生活支援サービスが付いている居住施設。介護付き有料老人ホームと違って、介護サービスは行われない。介護が必要な場合は、併設されている訪問介護事業者などの外部の介護サービスを受けることになる。介護付き有料老人ホームが介護保険法の改正に伴って開設が抑えられているため、近年増えている。

(ウ)健康型有料老人ホーム

介護が不要の自立者のみを受け入れる居住施設。レクリエーションルームや、プール、温泉といった設備を併設している施設もある。介護が必要になれば、原則として退去することになるが、併設されている介護付きに転居できるケースもある。

③軽費老人ホーム（ケアハウス）

低額な料金（月額10万～20万円程度。所得等により異なる）で入所できる施設。食事付きの軽費老人ホームA型、食事なしのB型、ケアハウス（C型）の3種類がある。A型とB型は、健康で、自立した生活ができる人が対象であるのに対して、C型となるケアハウスは身体障害や、自立して生活するのに不安がある高齢者が対象となる。ケアハウスは、原則として介護サービスはないが、介護サービスがついている「介護付きケアハウス」は特定施設入居者生活介護の対象となっている。

④認知症高齢者グループホーム

認知症高齢者が、専門の介護スタッフの援助を受けながら、1つのユニット（5～9人）で共同生活を送る。落ち着いた家庭的な雰囲気で生活し、病状の進行を緩やかにするのが目的。地域密着型サービスのため、地域内に限定される。入居一時金や保証金が必要な場合もあるが、入居金100万円、月額15万～20万円程度が中心。

⑤サービス付き高齢者向け住宅（以下、「サ高住」）

「高齢者住まい法＊＊」の登録基準（居室の広さや設備、バリアフリー構造、安否確認や生活相談などのサービス契約等）を満たした高齢者向け賃貸住宅。年々増加しており、

22万4000戸を超える（2017年11月現在）。「特定施設入居者生活介護」の指定を受けていない物件の場合、介護が必要になれば、外部の介護サービスを利用する。ただ、併設の介護サービス施設の提供する介護サービスが利用できる物件もある。

サ高住は、敷金程度の一時金で入居でき、賃貸であることから入退去しやすいというメリットがある。その一方で、重度の要介護状態になっても住み続けられる施設は限られており、介護度が進んだ場合の対応に不安が残る。

費用は、地域や物件、サービス内容によって大きく異なるが、平均的な家賃、共益費、水道光熱費、サービス費、食費の合計額は約13万円となっている。

＊特定施設入居者生活介護……有料老人ホームなど特定施設に入居している要介護者も、自宅にいるのと同じように介護保険を使って、入浴、排せつ、食事などの介護その他の日常生活上の世話や機能訓練、療養上の世話を受けられるというサービスのこと。

＊＊高齢者住まい法（高齢者の居住の安定確保に関する法律）……高齢者向けの良質な住宅の供給を促進し、高齢者が安心して生活できる居住環境を実現するための法律。2011年10月の改正によって、従来の高齢者専用賃貸住宅（高専賃）や高齢者向け優良賃貸住宅（高優賃）などの制度が廃止・統合され、「サービス付き高齢者向け住宅の登録制度」が創設された。

介護サービス	注意点など
施設スタッフにより 介護サービスが提供される	2015年4月から入所できるのは要介護度3以上のみ
	入所期間は3ヵ月〜6ヵ月が中心
	2018年3月末で廃止（6年間の経過措置あり）。 新しく介護医療院が創設
施設スタッフにより 介護サービスが提供される	原則として65歳以上で、共同生活が可能など所定の入居条件や退去要件もある
外部の介護サービスを利用	
なし	介護の受け皿がない
外部の介護サービスを利用またはスタッフにより提供（特定施設入居者生活介護※の場合）	介護サービスがない施設は、介護が重度になった場合など、退去を促されるケースもある
施設スタッフにより 介護サービスが提供される	医療ケアは行われておらず、ターミナルケアまでの対応が可能な施設は多くない
外部の介護サービスを利用またはスタッフにより提供（特定施設入居者生活介護※の場合）	有料老人ホームと比較すると、介護度の低い方の入居が多い傾向にある
外部の介護サービスを利用	サ高住の開始で新規物件は造られなくなったが、既存物件であれば、一定期間、家賃補助が受けられる
外部の介護サービスを利用	収入に応じて入居制限がある
外部の介護サービスを利用	介護サービス等は保証されない

図表1 高齢者のための住まい一覧

区分		名称		特徴
施設	介護保険施設	特別養護老人ホーム（特養）		常時介護が必要で自宅での生活が困難な人が対象。生活・介護サービス全般が提供される施設
		介護老人保健施設（老健）		病状が安定し、病院から退院した人などがリハビリを中心とする医療的ケアと介護を受ける病院と自宅の中間的施設
		介護療養型医療施設		比較的長期にわたって療養が必要な人が入院して、療養上の管理や介護を受ける施設
	その他	有料老人ホーム	介護付き	特定施設入居者生活介護※の指定を受けた有料老人ホーム。自立型から介護型まで幅広いタイプがある
			住宅型	食事等の日常生活上のサービスはつくが、介護サービスは、別契約で外部の事業所を利用する有料老人ホーム
			健康型	食事等の日常生活上のサービスがついた有料老人ホーム。介護が必要になると原則として退去しなければならない
		軽費老人ホーム（ケアハウス）		本人の収入に応じて低額な費用で日常生活上必要なサービスを受けながら、自立した生活を送ることができる。軽費老人ホームA型（食事付き）・B型（食事なし）、ケアハウス（C型）の3種類がある
		認知症高齢者グループホーム		認知症高齢者が、5～9人の少人数で、家庭的な雰囲気のもとで介護や身の回りの世話を受けながら共同生活をする
住宅		サービス付き高齢者向け住宅（サ高住）（旧：高齢者専用賃貸住宅・高齢者向け優良賃貸住宅）		高齢者のみを入居対象とする賃貸住宅。バリアフリー化され、安否確認サービス、緊急時対応サービス、生活相談サービス等のついた住宅として都道府県等に登録されている。収入に応じて家賃減額が可能な住宅もある
		高齢者向け優良賃貸住宅		バリアフリー化され緊急時対応、生活相談サービスがついた賃貸住宅。収入に応じて家賃減額が可能な住宅もある
		シルバーハウジング		バリアフリー化され緊急時対応、生活相談サービスがついた公営住宅。収入等により家賃が異なる
		分譲型シニアマンション		高齢者向けサービスがテナント等で入っている分譲型マンション。基本は一般的な分譲マンションと同じ

※「特定施設入居者生活介護」とは、特定施設に入居している要介護者も、在宅介護と同様に介護保険を使い、入浴、排せつ、食事などの介護、その他の日常生活上の世話や機能訓練、療養上の世話を受けられるサービス

どのタイミングで住み替えを検討するか

最後まで自宅に居続けたいと望む高齢者が多い一方、最近では、元気なうちに高齢者向け住宅などへ住み替えをしたいという人も増えている。

住み替えを検討するタイミングとしては、①要介護状態前（自立）、②要介護状態になってから、の2つのパターンが考えられる（167ページ図表2参照）。①は通常、自分の意思で住み替え先を決定できるが、②は多くの場合、家族や関係者に委ねることになる。

まず①の場合、「有料老人ホーム」「サービス付き高齢者向け住宅」「シルバーハウジング」などが候補として挙げられるだろう。

これらは、バリアフリー仕様や緊急通報装置、LSA（ライフサポートアドバイザー：生活援助員）の配置といった、日常生活上の安心を得られるしくみが備えられている。

そして大切なのは、要介護状態になっても住み続けられるかどうかだ。介護サービスの提供に関しては、住宅自体に介護サービス提供機能を付帯させる方法や、「小規模多機能型居宅介護*」施設を併設する方法、外部の介護サービスと提携する方法などがある。

これらをきちんとチェックしておかなければ、要介護状態になった時点で、「第二の住み替え」をせざるを得なくなるかもしれない。

おそらく最初から、要介護状態に備えられる機能が整った施設に入所するのが一番安心。しかし、間取りや設備などハード面において、自立した高齢者と、要介護の高齢者に適した居住環境はまったく異なるということも念頭に置いておいた方がよい。

＊小規模多機能型居宅介護……介護が必要となった高齢者が、可能な限り自立した生活を継続できるように、利用者の状態や必要に応じて、「通い」を中心に「泊まり」「訪問」の3サービスを組み合わせて提供する在宅介護サービスのこと。以前は「宅老所」と呼ばれていた。

介護が必要になってから住み替える場合は？

前述②の要介護状態になってからの場合、介護保険3施設をはじめ、「介護付き有料老人ホーム」「ケアハウス」「認知症高齢者グループホーム」などが候補先だ。

いずれも、自宅から住み替えて介護を受けながら生活するというもの。住居サービスと介護サービスとが一体的に提供されているが、施設自体は「住まい」として位置づけられ、介護サービスは「在宅サービス」とされる。

要介護状態になってから住み替えする場合の注意点は、とにかく時間や余裕がないケースが多いということ。内容や費用などをゆっくり検討する間もなく、すぐに入れる施設を優先的に決めざるを得ない状況になりがちである。

とくに親が認知症になると、大騒ぎの末に、費用が高くても空いている介護付き有料老人ホームやサービス付き高齢者向け住宅に入居させる人が多い。その間に特養や老健に移れるように申請を出しておくといったパターンだ。

とにかく、高齢者の住まい選びは容易ではない。

不誠実な業者や、利用者側の過度の期待や思い込み、勘違いといったトラブルも後を絶たない。高齢者の住まいについては、早めに基本的な知識や情報を入手しておくに越したことはないだろう。

図表2 住み替えを考えるタイミングと確認ポイント

●ひとり暮らしは不安
●家事が負担になった
●病気や介護が心配
●子どもに迷惑をかけたくない

元気なうちに

・有料老人ホーム
・ケアハウス
・サービス付き高齢者向け住宅
・シルバーハウジング

要介護になってから

・有料老人ホーム
・グループホーム
・特別養護老人ホーム
・介護老人保健施設
・介護療養型医療施設
・ケアハウス（軽費老人ホーム）
・サービス付き高齢者向け住宅

いつ？
何歳までに？
元気なうちor弱ってから？

どこで？
ホームor自宅
どこに住むのか

何を？
どんなサービスを求めるのか

誰が？
自分or家族が決めるのか

どこまで？
最期まで過ごせるのか

いくら？
費用負担はどこまで可能か

●集団生活は好まない
●近くの友人・知人と離れたくない
●今の家に住み続けたい
●環境を変えたくない

介護が必要になったときに備えて、自宅のバリアフリー化や地域にある介護サービスを調べる

有料老人ホームを自己都合で退去、入居一時金は戻ってこない？

答え ①：戻ってくる

老人福祉法の改正により、2012年4月以降に入居した人については、入居契約締結日から3ヵ月（90日）以内に入居者から解約の申し入れがなされた場合、ホーム側は、入居一時金から利用期間分の利用料や原状回復費用を除いて、入居一時金を全額返金する義務がある（短期解約特例制度）。入居一時金の返還についてはトラブルも多い。この制度について、入居契約書などに明記されているか確認しておくこと。なお、死亡退去の場合も適用される。

(2)親の施設入所で空いた実家を賃貸に出す

Q

「マイホーム借上げ制度」は、空き家になった自宅を賃貸することで家賃収入が得られ、有料老人ホームなどの費用が捻出できる。この制度の募集予定賃料の目安は、周辺相場のどれくらい？

①60〜70％　②80〜90％

答えは174ページへ

親が介護施設や有料老人ホームなどへ住み替えた場合、空き家になった実家をどうすればいいのだろうか？

そこで考えられるのが、「移住・住みかえ支援機構（以下、JTI）」が行う「マイホーム借上げ制度」を利用して実家を賃貸にする方法である。

この制度は日本に自宅を所有する50歳以上の人が利用でき、東京や大阪などの大都市に限らず地方でも活用されている。おもな利用者は、60代以上が多いが、その家を借りるのは、50代以下の子どもがいる人たち。シニアには広すぎる家もファミリー世帯にはちょうどよいようだ。

「マイホーム借上げ制度」のメリットと注意点

マイホーム借上げ制度のメリットは、おもに次の3つである。

①空室でもJTIが最低賃料（査定賃貸料の85％）を保証し、終身借り上げてくれる。
②JTIと入居者の3年ごとの定期借家契約のため、更新時に家に戻ることができる。
③貸出人と入居者がそれぞれJTIと契約するのでお互い接点がなく、家賃の未払いや入居者とのトラブルで悩むことがない。

また、２０１４年11月から「**マイホーム借上げ制度　定額保証型**」がスタートしており、契約時に最低保証賃料が定額で保証されるので、空室時や賃貸市場が変動しても、この金額を下回ることはない（定額最低保証期間中）。

また、貸し主である親が亡くなったら、相続人が土地・建物の所有権と貸出人の地位を引き継ぎ、相続人全員の承諾により契約を更新できる。

さらに、この制度で得た賃料収入を担保に生活資金を借りる方法もある。常陽銀行の「常陽リバースモーゲージローン『住活スタイル』」などだ。

一方で注意点もある。定期借家契約という貸し主有利の契約をとるため、賃料は周辺相場より最大３割ほど安く設定される。また、ＪＴＩが耐震性や老朽化を検査し、改修の必要があれば貸し主負担による工事をしなければならない。

このほかＪＴＩでは、収入減などで住宅ローンの返済が一時的に厳しくなった人を対象に「**再起支援借上げ制度**」も実施している。

この制度を利用する場合、年齢制限（50歳以上）は問われない。また借り上げたマイホームは、３年の定期借家契約で転貸するため、親や子どもの状況が改善すれば、３年後には子ども自身のマイホームに戻すこともできる。

自宅を賃貸に出すと確定申告が必要？

自宅を賃貸に出す場合、気をつけておきたいのが確定申告だ。賃貸で得た収入（賃料・共益費・礼金・更新料など）から必要経費を差し引いた所得が、不動産所得として所得税の対象となる。その際に、青色申告をすれば、10万円を経費として控除できる。

また、賃貸のまま親が亡くなって相続となると、空き家の場合よりも相続時に評価額が下がる。家屋は、他人の借家権がついているので30％減額。土地は貸家建付地（貸家の目的とされている宅地）として、20％ほど評価が低くなる。

たとえば、固定資産税評価額が、家屋1000万円、土地4000万円、合計5000万円の場合、空き家であればそのままだが、賃貸に出している場合、建物1000万円×（1－30％×100％）＝700万円、土地4000万円×（1－60％×30％×100％）＝3280万円。合計3980万円となり、評価額は1020万円低くなる（借家権割合30％、借地権割合60％、賃貸割合100％の場合。地域などによって異なる）。

さらに、相続時には「小規模宅地等の特例＊」の適用が受けられる。特定居住用宅地等に該当する宅地は３３０㎡を限度に80％も評価額が減額される（小規模宅地等の特例について詳細は第6章〈２〉２３１ページ参照）。

いずれも、相続発生時に借り手がいることが条件になるが、このように実家を賃貸に出すと、税制上有利な面もあるということは知っておきたい。

＊小規模宅地等の特例……相続や遺贈で土地を取得した場合、その土地に被相続人が自宅として住んでいたとき、あるいは事業の用に供していたなどの小規模な宅地があったときは、その土地が被相続人の生活基盤になっていたことを配慮し、宅地の評価額の一定割合を減額する制度。

「マイホーム借上げ制度」で募集予定賃料の目安は、周辺相場のどれくらい?

答え②:80〜90%

転貸賃料は、対象住宅のある地域の賃貸相場の動向や建物の状況などから判断される。基本的に募集予定賃料は、周辺相場の80〜90%が目安。賃料が決定すると、そこから15%(JTIの物件を管理する協賛事業者への管理費用5%+空室時の保証準備積立と機構の運営費10%)を差し引いた金額が制度利用者の手取りになる。全国の賃料平均は、月額8・6万円。地方でも6万円程度のケースが多いという。

（3）親の自宅を現金化する方法とは？

Q

老後資金を確保するための方法の1つが、「リバースモーゲージ」である。次のうち、リバースモーゲージのデメリットとして正しいものはどちら？

①金利が上がると受け取れる金額が減る
②早く亡くなると損をする

答えは179ページへ

親の自宅の有効活用法の1つとして「リバースモーゲージ」がある。

通常の住宅ローンといえば、「持ち家を担保に金融機関から一括で融資を受け、毎月返済していく」というもの。それに対して、リバースモーゲージは、「持ち家を担保に金融機関から定期的にまたは一括で融資を受け、最後に一括返済する」というものである。

いわば、逆住宅ローンともいえる商品だが、これを利用すれば、老後資金や介護費用が不足したときに、自宅に住み続けながら生活費を捻出できる。

「リバースモーゲージ」はどこで利用できる?

この制度は、もともと高齢者の持ち家に着目した低所得者向けのセーフティネットとして、都道府県社会福祉協議会が実施した「不動産担保型生活資金」という制度である。

数年前から、民間の金融機関でも取り扱うところが増えている。おもに戸建て住宅が対象になるが、2005年からスタートした東京スター銀行のリバースモーゲージ「充実人生」は、担保評価が難しいマンションも一部を融資の対象にしている。

２０１３年７月から取り扱いを始めた、みずほ銀行の「みずほリバースモーゲージローン『みずほプライムエイジ』」は、東京、神奈川、千葉、埼玉に住む55歳以上が対象となっている。借入金の使途も、数年前までは生活資金に充てる高齢者が多かったが、最近では多様化が目立つという。同銀行に寄せられる相談では、高齢者施設に入居する際に必要な一時金に充てたいという人が多いそうだ。

「リバースモーゲージ」のリスクと現状

利用する前に知っておきたいのは、リバースモーゲージの４つのリスクである。

①金利上昇リスク……途中で金利が上昇すると受け取り総額が減る。

②地価下落リスク……担保評価額が下がると追加担保が必要になる、もしくはローンが途中でストップ、もしくは返済を迫られる可能性がある。

③長生きリスク……存命中にローン受け取り総額が評価額に達する可能性がある。

④相続人リスク……本人が亡くなった後、自宅がなくなるので、配偶者や子どもがいる場合には住む場所が別途確保されていなければならない。ただし、相続人が現金で返済できれば、自宅を売却する必要はない。

そもそも、リバースモーゲージは、最終的に自宅を売却してそれまでに行った融資の利息と元金と手数料を回収するしくみ。現実的には、ある程度地価の高い地域に限られる。

さらにこれらのリスクをふまえると、どちらかといえば、老後資金や介護費用に困って、なんとか現金を捻出したいという人よりも、生活に余裕があって、リバースモーゲージで得た資金に頼らなくても大丈夫という人でなければ、なかなか利用は難しそうだ。

なお、日本のリバースモーゲージのさきがけといえるのが、東京都武蔵野市。1981年から2013年まで119件、17億円の利用があったが、地価下落や長寿化などで、2010年度には担保を処分しても貸付金を回収できない例があったという。

「期待度は高いが、実際の利用や普及は難しい」――官民の商品を問わず、リバースモーゲージに対する印象はこんな感じかもしれない。

リバースモーゲージのデメリットとは?
答え①:金利が上がると受け取れる金額が減る

リバースモーゲージは、自宅を売却するのと違い、自宅に住み続けながら老後の資金を受け取れる。その半面、さまざまなリスクもある。変動金利型、一定期間の固定金利型のものが多いため、借入期間中に金利が上昇すると、当初よりも受け取れる金額が少なくなる。また借り入れている人が亡くなると自宅を売却などして一括返済するしくみになっており、早く亡くなっても損をするわけではない。逆に長生きをすると、途中で借入額が自宅の評価額に到達してしまい、それ以上借りられなくなる恐れもある。

(4) 空き家となった田舎の家をどうしたらいいか？

Q

相続した実家は、田舎にあって老朽化が激しく売れそうもない。相続放棄をしてしまえば、家屋の維持や管理する義務から免れられる？

①免れられる　②免れられない

答えは185ページへ

今、日本全国で空き家の問題がクローズアップされている。

２０１４年7月に発表された総務省の「住宅・土地統計調査」によると、２０１３年10月時点の日本の空き家は８２０万戸。空き家率は13・5％となっている。

実質的な空き家率が全国で最も低いのが東京都２・０７％だが、空き家問題は、地方だけではない。今後深刻化するのは首都圏近郊などの都市部だといわれている。

その昔、団塊世代は、郊外にマイホームを建てて、妻は専業主婦、夫は都心に働きに出るのが主流だった。一方、その子ども世代である団塊ジュニアは、夫婦共働きも多く、通勤等を考慮して利便性の高い都心に住むパターンが多い。

団塊ジュニアのうち将来的に郊外の親の家に住む見通しのある人は、約3割にすぎないという調査もあり、それ以外の親の家は、「空き家予備軍」ともいえる。

とくに団塊世代が80代を迎える２０３０年頃が、大きな節目になりそうだ。

全国の空き家急増で国や自治体の対策が急務！

売却処分をするか、賃貸に出すか。それとも空き家のまま置いておくか。

空き家に頭を悩ませるのは、所有者やその家族だけではない。

空き家だらけの地域の住民にとって、何より怖いのは放火だという。そして老朽化による倒壊や犯罪など。今、日本では、これらの管理不十分な空き家が、防災や防犯上の問題、衛生上の問題、景観の悪化などの諸問題を引き起こしている。

そこで、2014年11月に成立したのが「空き家対策特別措置法」である。

「空き家対策特別措置法」のポイントは、おもに次の3つである。

①問題のある空き家を「特定空家等」と定義し、地方自治体が空き家への立ち入り調査や解体撤去の行政代執行ができる（所有者が命令に従わない場合は50万円以下の過料）。

②登記があいまいで空き家の所有者がわからない場合、固定資産税などの納税者の個人情報を必要な範囲において利用できる。

③空き家のデータベースを整備し、空き家などの有効活用を促進できる。

さらに、危険な空き家の撤去を促すため、2015年税制改正によって、「特定空家等」について固定資産税の軽減措置（住居が立っている土地の固定資産税は、更地に比べて6分の1に軽減）を適用除外とした。

マンションについても、老朽化マンションの売却と解体の決議要件を緩和する「マンション建て替え円滑化法」が2014年6月に成立。同年12月に施行されている。

戸建て以上に修繕や解体に手間のかかる空きマンションの問題は、深刻だ。

戸建てにしろ、マンションにしろ、早急にこれ以上空き家を増やさないための対応や行動が求められている。

続々登場！「空き家管理サービス」

これらの空き家問題を受けて、最近、民間企業が所有者に代わって空き家を管理したり空き家を診断して活用方法を提案したりする「**空き家管理サービス**」が目立ち始めている。

このサービスは、もともと町の便利屋さんなどが行ってきた業務の1つ。よくある空き家トラブルとなる、敷地内での雑草の繁茂や樹木の越境などに対する住民の相談が増加するにつれて、専門に行う業者が増えてきている。

おもな業務は、室内の通風や換気、清掃や片付け、郵便物などの確認、庭木の剪定など。なかには、指定の近隣訪問や修理手配といった代行業務も含まれる。

大東建託グループの「空き家管理サービス」は全国で対応可。内外巡回サービス1万円（税別。1回／月）、外部巡回サービス5000円（税別。1回／月）などがある。

同じく全国対象としては、アルソックの「るすたくサービス」がある。これは、見回りによる現地の状況確認や、対象施設内の郵便受けに入れられた物の回収・整頓を行うサービスで、一般契約の場合で月額4000円（税別）となっている。

参入する業者が増える一方で、地元密着型の不動産業者や建設業者などが行うこれらのサービスは、採算度外視だという。管理を依頼される空き家は、不便なところが多く、月1回の巡回や室内清掃を1時間1万円で請け負うのはけっして儲かるとはいえない。管理サービスはあくまでも入り口にすぎず、将来の売却や空き家の活用のために信頼関係を築いておきたいという業者側の思惑もあるようだ。

しかしながら、遠く離れて住む子どもにとって、実家のある地域の不動産事情などを知る術は少ない。誠実な対応をしてくれる業者であれば、引き続き相談に乗ってもらうのもいいだろう。

田舎の実家。相続放棄すれば家屋の維持や管理する義務から免れられる？

答え②：免れられない

民法では、この場合の規定が次のように定められている。「相続の放棄をした者は、その放棄によって相続人となった者が相続財産の管理を始めることができるまで、自己の財産におけるのと同一の注意をもって、その財産の管理を継続しなければならない」（民法940条）。つまり相続放棄をしたとしても、家庭裁判所に選任される相続財産管理人を立てでもしない限り、管理義務から免れられるわけではない。倒壊など、もし何か事故があれば法的な責任を追及される可能性がある。

第5章

第1部 「親の老後」の悩み、すべて解決します

「資産」「家計」を管理する

(1) 気になる親の家計や資産をどうチェックする？

Q

最近、年相応に物忘れが激しい80代の両親。先日、実家を訪ねたら、10年以上も入出金のない銀行の通帳がいくつも出てきてびっくり！いわゆる「休眠口座」のお金って、連絡しなかったらどうなるの？

①銀行の財産となる
②国の財産となる

答えは196ページへ

離れて暮らす子どもとしては、高齢期の親が消費者トラブルに巻き込まれていないか、消費者金融などで借金をしていないか、ハイリスクな金融商品に手を出して損失が膨らんでいないかなど、家計や資産の状況がどうなっているか気になるものだ。

トラブルにならないまでも、親が認知症や要介護状態になった場合、何かとお金がかかることは目に見えている。そのための経済的備えの有無も、把握しておきたい。

また相続が発生した場合、どこの金融機関にどれくらいのお金があるのかを記録に残したり、口頭で伝えておいてくれなければ、親の財産の存在を知ることができなくなってしまう。

10年以上入出金などがまったくない口座のことを「**休眠口座**」というが、金融庁の調査によると、毎年休眠口座の預金残高は850億円にものぼるという。これらを民間公益活動の財源にする休眠預金活用法が、2018年1月から施行される。この際、長年使っていない口座は、親が元気な間に整理してもらった方が都合がよい。

とにかく、親の家計や資産の状況を確認しておくことは、親子双方にとって、とても大切なことなのである。

「代わりに」ではなく「一緒に」考えるというスタンスが重要

しかし、「お金」の問題はとてもナーバス。何気なく尋ねたつもりでも、身構えられたり、財産を狙っているのでは？と勘繰られたりしてしまう可能性もある。

あるお客さま（70代・女性）からこう言われたことがある。「子どもに自分の預貯金の額を知られて、結構持っているじゃないかと、アテにされるのは困る。でも、少なくて、相手にされなくなるのもさびしい。どっちにしても知られたくないものなの」

親にすれば、子どもであっても自分の懐具合を探られるのはイヤなものなのだ。

きょうだいがいる場合は、なおさら慎重に根回ししておくこと。単独行動に走れば、それを機に関係がぎくしゃくしてしまい、親が要介護状態になった場合など、イザというときに助け合えなくなるかもしれない。

そして親に対しては、なぜ子どもが親の家計や資産を把握しておく必要があるのか、という「目的」を理解してもらうことが第一である。

まだまだ自分で管理できると主張する親には、「代わりに」やってあげるなどと無理強いしてはいけない。介護や病気・ケガなど、高齢者が必要となるお金の話題を出しながら、時間をかけて、話し合う必要性や意識を高めていくようにする。

あくまでも「一緒に」考える、というスタンスで、いずれ管理が難しくなれば、自発的に親の方から子どもに対して申し出てくれるような雰囲気づくりが大切なのだ。

「エンディングノート」を活用して資産状況を確認する

親の資産状況をチェックするといっても、いきなり子どもから「預金通帳を見せて」と言われて素直に出す親は少ない。

そんなときに活用したいのが「**エンディングノート**」だ。

エンディングノートとは、終末期に際して生じる事柄に備えて、自分自身の希望を書き留めておくノートのこと。書店などでさまざまな形式のものが市販されているが、自治体やNPO団体でも無料配布や書き方講座が実施されている。

おおむね内容は、①プロフィール（自分史、親族表、交友関係など）、②財産関係（預貯金、不動産等の資産、ローン、借入金等の負債など）、③エンディング関係（終末期医療、介護、葬儀、墓などについて）の3つのパートで構成される。

エンディングノートを書くメリットとしては、次の5つがある。これらを説明しながら、親の資産状況を確認したり、今後の生活の意向を話し合うといいだろう。

①万が一の場合、自分も家族も助かる
②早いうちから将来に備えておくことで、今を安心して過ごせる
③書くことによって、自分の考えや気持ちが整理できる
④終末医療や介護、相続などふだん話しにくい問題について家族でコミュニケーションが取りやすくなる
⑤家族や周囲に対する自分の想いを遺すことができる

ただし、実際に書いたという人は少ない。

統計によるとエンディングノートの認知度は6割以上だが、すでに書いている人は全体のわずか2％。70歳以上でも5％にすぎない（「ライフエンディング・ステージを取り巻く国民意識」経済産業省）。

「エンディングノート」作成上のポイント

どんなにいいものでも、書いてみないことには始まらない。書けないという方々のお悩みをふまえた作成上のポイントは、次のとおりである。

また、エンディングノートには、資産や負債など財産関係のほか、終末期医療や介

護、相続といった、日頃話題にしにくい内容を記入する欄もある。親子や家族で一緒に書くことで、これらについてコミュニケーションを図る機会にもなる。

①気楽に書きたい内容から書き始める

まずは、気楽に書きたい部分から始めてみること。たとえば、自分のプロフィールやこれまでの思い出、エピソードを綴るところから書いてみると、家族や将来に対する想いも自然と芽生えてくるかもしれない。

またエンディングノートは、何度も修正や加筆ができる。遺言書と同じく、状況や考え方が変われば、エンディングノートも書き直したい場合が出てくる。個人的には、立派な装丁の高価な商品よりも、状況に応じて気軽に書き込めるように、無料あるいは手頃な価格のもので十分だと思う。

②預貯金などの金額は目安で十分

記入項目には、金額や残高などを書く欄があるが、すべて調べるのも大変だし、預貯金の額などは随時変動する。誰かに見られると困る場合もある。取引先の金融機関等の名称や担当者、電話番号などを明記しておけば、金額等はアバウトで構わない。エンディングノートは、万が一の場合の連絡帳や備忘録にもなるため、ノートの存在や保管場所を家族や周囲に伝えておくことも大切だ。

③法的拘束力がないため、必要に応じて「遺言書」も準備する

エンディングノートは、いろいろな「想い」を書き記せる一方で、単なる「自分の希望やお願い」にすぎない。遺言書と違い、法的拘束力がないということを念頭に置き、必ず実行してほしいのであれば、別途遺言書を作成しておこう（左ページ図表参照）。

とにかく、エンディングノートは、話題に出すタイミングが難しい。

とりわけ離れて暮らしていて、なかなか会う機会がなければなおさらだ。とはいえ、できれば、親が元気なうちから話を切り出した方がいいだろう。実際に、親が病気などで心身ともに弱った状態では、ますます財産狙いだと思われて話しにくくなってしまうものだからだ。重度の認知症にでもなれば、意思疎通さえままならない。

ちなみに、前掲の調査では、エンディングノートを実際に書いた人に作成のきっかけを尋ねると、「書籍や雑誌、テレビなどで存在を知って」（39・6％）という理由に並び、「家族の死去や病気、それに伴う相続」（39・6％）が上位を占める。誰しも自分の立場に置き換えてみたときに、いろいろと思うことがあるのだろう。

そこでたとえば、「○○さんも急に入院して、お子さんが離れて暮らしているから、通帳や大事なものがどこにあるかわからなくて困ったみたい」などと話を振ってみる。それに対する親の反応を確かめながら、少しずつお金に関する話題を広げていこう。

図表 **エンディングノートと遺言書の違い**

	エンディングノート	遺言書
おもな特徴	生前に、自分の人生を振り返り、希望や伝えておきたいことなどを覚書にしておくもの	自分の死後に生じるさまざまな法的な手続きに対応するもの
法的効力	なし	あり
死後の開封	自由にできる	不可（自筆証書遺言の場合）
遺産相続の手続き	不可	可
医療・介護などの希望	可	不可
周囲へのメッセージ	自由に書ける	書くことは可能だが、一般的には遺産相続・事業承継に関することが中心

「休眠口座」のお金、連絡しなかったらどうなる?

答え①：銀行の財産となる

休眠口座は、銀行は商法上の消滅時効が適用されて5年、信用金庫などは、民法上の消滅時効が適用されて10年で時効が成立する。一定期間を過ぎると最終的には銀行の財産となる。しかし実際には、時効消滅後でも払い戻しに応じる金融機関がほとんどだ。なかには、一定期間を過ぎると管理手数料を設定している銀行もある。諸外国では、休眠口座を一元管理する機関を設置し、公的機関や公的側面を持つ機関へ貸し付けるケースもあり、日本でも休眠口座の有効活用の議論が高まりつつある。

（2）親が寝たきりになった時のお金の管理をどうする？

Q

ひとり暮らしの母親が脳梗塞で倒れた！　意識はしっかりしているけれども、身体が不自由な状態で、銀行からお金を引き出すこともできない。このような場合、家族が利用できる財産管理の方法はどちら？

①財産管理等委任契約
②任意後見契約

答えは202ページへ

高齢になると、判断能力や意識ははっきりしているものの、以前と同じように外出することが難しくなったり、病気やケガで寝たきりになったりして、日常生活に必要なお金の管理やさまざまな手続きが難しいケースが考えられる。

そんな場合に、利用したいのが「財産管理等委任契約」である。

これは、本人（委任者）の財産管理やその他の生活全般の手続き（身上監護）について、代理権を与える人（受任者）を選任し、具体的な管理内容を決めて委任するというもの。任意の契約で、民法上の委任契約の規定に基づいている。

財産管理等委任契約とはどのようなものか？

財産管理等委任契約の内容は、大きく財産管理と療養看護の2つに分けられる。
①財産管理……金融機関からの預貯金の引き出し、家賃や光熱費、税金の支払い、保険の契約や解約、保険金の請求など。
②療養看護……入院・退院時の手続きや介護保険の要介護認定の申請、介護サービスの契約手続きや解除、支払いなど。近況の確認・報告や助言をする「見守り契約」も含まれる。

これらの手続きは、自分自身ができなければ、家族や親戚、親しい友人や同僚など、身近な第三者に依頼することばかり。しかし、金融機関などでは2002年の「本人確認法＊」の施行以来、家族でも預貯金が簡単に引き出せないのが現状だ。そこで役立つのが、財産管理等委任契約である。これは包括的な契約のため、個別に委任状を作成する必要はない。ただし金融機関によって財産管理等委任契約書だけでは代理権を認めず、取引ごとに個別の委任状の提出を要求するケースもある。取引先の金融機関には確認しておこう。

また受任者は、委任者が最も信頼の置ける人物がふさわしい。身近な家族や親族でもよいし、公的な証明書が出ない事実婚・内縁・同性のパートナー、友人・知人などでも可。適任者がいなければ、弁護士会や司法書士会、社会福祉協議会でも相談に応じてくれる。

一般的に、財産管理は身近な家族が行うことも多いが、受任者がいずれ委任者の推定相続人になる場合、後日の相続時などに問題とならないような配慮も必要である。

なお、財産管理等委任契約書は、どのような形式で作成しても構わないが後日、契約の効力が争いにならないように公正証書で作成するのが確実だ。

＊本人確認法……マネー・ロンダリング防止やテロ資金対策を目的とする。預金口座開設などの取引開始時や200万円超の大口現金取引時などに、運転免許証等による本人確認などが金融機関に義務付けられた。2008年に「犯罪収益移転防止法」の全面施行に伴い廃止。

「財産管理等委任契約」と「任意後見制度」との違いは？

財産管理等委任契約と同じように、第三者に財産管理等を委託する方法として「任意後見契約」がある（任意後見について詳細は本章〈3〉206ページ参照）。

両者が大きく違う点は、判断能力の有無である。

判断能力が不十分になってから効力が生じる任意後見契約に対して、財産管理等委任契約は、判断能力があるときから、自分では難しい範囲の手続きなどを委託することができる。

実務上は、認知症など判断能力を失った場合に備えて、まず任意後見契約とセットで契約を締結し、その後、認知症などが進行したときに、任意後見契約が発効。財産管理等委任契約から任意後見契約に移行するかたちにしておけば、継続して財産管理を支援できるしくみだ。

図表 財産管理等委任契約のメリット・デメリット

メリット

- 任意後見契約と異なり、判断能力が不十分とはいえない場合でも利用できる
- 当事者の合意のみで効力が生じ、財産管理の開始時期や内容を自由に決められる
- 本人の判断能力が減退しても、特約で死後の処理や実務を委任することもできる（死後事務委任契約）

デメリット

- 任意後見制度の任意後見監督人のような公的監督者がいないため、委任を受けた人をチェックすることが難しい
- 任意後見契約と異なり、公正証書で作成することが義務付けられておらず、後見登記もされないため、社会的信用が十分とはいえない
- 成年後見制度のような取消権がない※

※管理人等の知らないところで、委任者が判断能力の乏しさ等を利用されて契約を締結させられても、管理人等によって、契約を取り消すことができない。

親が寝たきりになったとき、家族が利用できる財産管理の方法は？

答え①：財産管理等委任契約

本人以外の第三者が預金を引き出すなど、金融機関の手続きには委任状が必要。しかし、寝たきりや身体が不自由で委任状が作れない場合もある。また日常的な事務手続きで、いちいち委任状を作成するのは面倒だ。そんなときに利用できるのが財産管理等委任契約である。「手続き全般についてまとめて誰々にやってもらいます」といった包括的な内容を盛り込める。一方の任意後見契約は、認知症など判断能力が不十分になった時点から効力が発生する。

（3）判断能力が衰え始めたら使える制度は？

Q

成年後見制度って、なんだかお金がかかりそう……成年後見の申し立てをするのに、裁判所費用として10万円以上かかる？

①かかる　②かからない

答えは208ページへ

加齢や認知症など、判断能力が衰え始めた場合の支援には、「**日常生活自立支援事業**」と「**成年後見制度**」の2つがある。それぞれ詳しく見てみよう。

日常的な生活援助を行う「日常生活自立支援事業」

「**日常生活自立支援事業**」は、判断能力が不十分な人が、その地域で自立した生活が送れるよう、利用者との契約に基づき、①福祉サービスの利用援助、②日常的な生活費の管理、③大切な書類の預かりなどを代行してくれる。

対象は、認知症高齢者のほか、知的障害者、精神障害者なども含まれるが、医師による認知症の診断や、療育手帳および精神障害者保健福祉手帳の有無にかかわらず利用できる。

利用料は支援に要した時間数で決まるしくみで、1時間あたり1000円程度のところが多い。自治体によって低所得者補助をしているところもある。毎月の負担は数千円で済むので、高齢者には使いやすい。

離れて暮らす子どもにとって安心なのは、社会福祉協議会が借りている銀行などの貸金庫を利用し、年金証書や通帳、権利証など重要書類の預かりもしてくれる点だ。

あらかじめ通帳を預けておけば、訪問販売など消費者トラブルの被害も最小限にとどめることができるし、福祉サービスの利用料の支払いも代行してくれる。

なおこの事業は、「契約」に基づいてサービスが提供されるため、具体的な援助内容を理解し、本人の意思確認ができることが利用条件となる点には注意しよう。

財産管理のほかに生活全般の支援も行う「成年後見制度」

判断能力が不十分な人に対するもう1つの支援が「成年後見制度」である。

成年後見制度には、家族などが家庭裁判所に申し立てて後見人などを選任してもらう「法定後見制度」と、当事者間の契約によって後見人を選ぶ「任意後見制度」の2つがある。

①法定後見制度

法定後見制度は、判断能力がすでに失われた状態もしくは不十分な状態で、本人が後見人などを選ぶことが困難になった場合に利用される。

本人の判断能力の程度や個々の事情によって、委譲権限の重い順から「後見」「保佐」「補助」の3つの制度を選ぶことが可能だ。

ただし、いずれの場合もちょっとした買い物や孫へのお小遣いなど、日常生活に関する行為までは制限されない。

この制度は本人の家族や親族が後見人などに選任されることがほとんど。ただし、親族後見人を希望しても、内容が複雑で、トラブルが予想される場合は、司法書士などの専門家が後見人などに選任されることもある。

②任意後見制度

任意後見制度は、まだ判断能力がしっかりしている人が、将来、判断能力が不十分な状態になった場合に備えておくものである。

あらかじめ自分が選んだ任意後見人に、自分の生活や療養看護、財産管理に関する事務について代理権を付与する契約（任意後見契約）を公正証書で締結しておく。その後、判断能力が衰えてきたと感じた時点で、家庭裁判所に申し立てをして「任意後見監督人」（任意後見人がきちんと仕事をしているかチェックする）の選任を行い、はじめて契約の効力が生じることになる。

任意後見人は、法令上の資格がなく、本人の選択次第である。一般的には、本人の親族・知人、司法書士や弁護士、社会福祉士などの専門家が任意後見人になるケースが多い。依頼内容と費用から適任者を選びたい。

利用者がのびない「成年後見制度」の現状

成年後見制度とは、公的介護保険とともに、超高齢社会を支える両輪として2000年4月にスタートした制度である。ところが、利用者はなかなか増えず、みずほ情報総研の調査（2017年5月発表）によると、認知症の親族を持つ人の6・4%にとどまるという。

利用が定着しない背景として、利用する際の公的支援の不足などが指摘されているが、制度を知っていても本人も家族も「まだ早い」と二の足を踏むケースもあるようだ。利用した理由のほとんどが預貯金の管理や解約などであることからも推測されるように、差し迫った状況に直面してはじめて利用したという人が少なくないのだろう。

また、当初から、親族後見人による財産着服等も問題となっており、財産保護の強化を目的として2012年2月から「**後見制度支援信託***」が導入された。2016年5月から後見人の養成と権限の拡充が盛り込まれた「成年後見人制度利用促進法」が施行されている。

＊後見制度支援信託……本人が日常生活で使用する分を除いた金銭を、信託銀行などに信託すること。信託財産の払い戻しや信託契約の解約には、家庭裁判所の指示書が必要となる。実際には、本人に1000万円以上の預貯金がある場合が対象。

成年後見の申し立てをするのに、裁判所費用として10万円以上かかる？

答え②：かからない

法定後見の場合、裁判所費用は切手、印紙代など実費として5000～1万円かかる。ただし、鑑定（本人に判断能力がどの程度あるのかを医学的に判定すること）を要する場合、鑑定費用5万～10万円が必要。また、任意後見の場合、公証人の手数料など2万円程度はかかる。いずれも申し立てを弁護士や司法書士に依頼すると報酬も必要となるが、裁判所費用として10万円以上かかるわけではない。

こともできる

著しく不十分

日常的な買い物程度はできるが、重要な財産管理行為はできない

欠ける

日常的な買い物ができない。財産を管理処分できない

社会福祉協議会が実施。日常的な生活援助の範囲内での支援を行う。高額な財産管理や法律行為の代理は不可

知症などで判断能力が少衰えたが、日常生活を援してもらえば、まだまだみ慣れた地域で自立した活が送れるという場合なはこの事業を利用する

併用利用するケースとしては、遠方に住む親族等が成年後見人等に選任されている場合で、生活に必要なお金の出し入れなど、本人の利便性のため日常生活自立支援事業による支援が必要不可欠な場合などがある

判断能力が著しく低下していたり、不動産の売却や福祉施設の入所契約など、日常的な生活補助の範囲を超えた事項を支援する必要がある場合はこの制度を利用する

財産管理や福祉施設の入退所など生活全般の支援（身辺監護）に関する契約などの法律行為全般ができる

（任意後見監督人選出）

図表 「日常生活自立支援事業」と「成年後見制度」は併用する

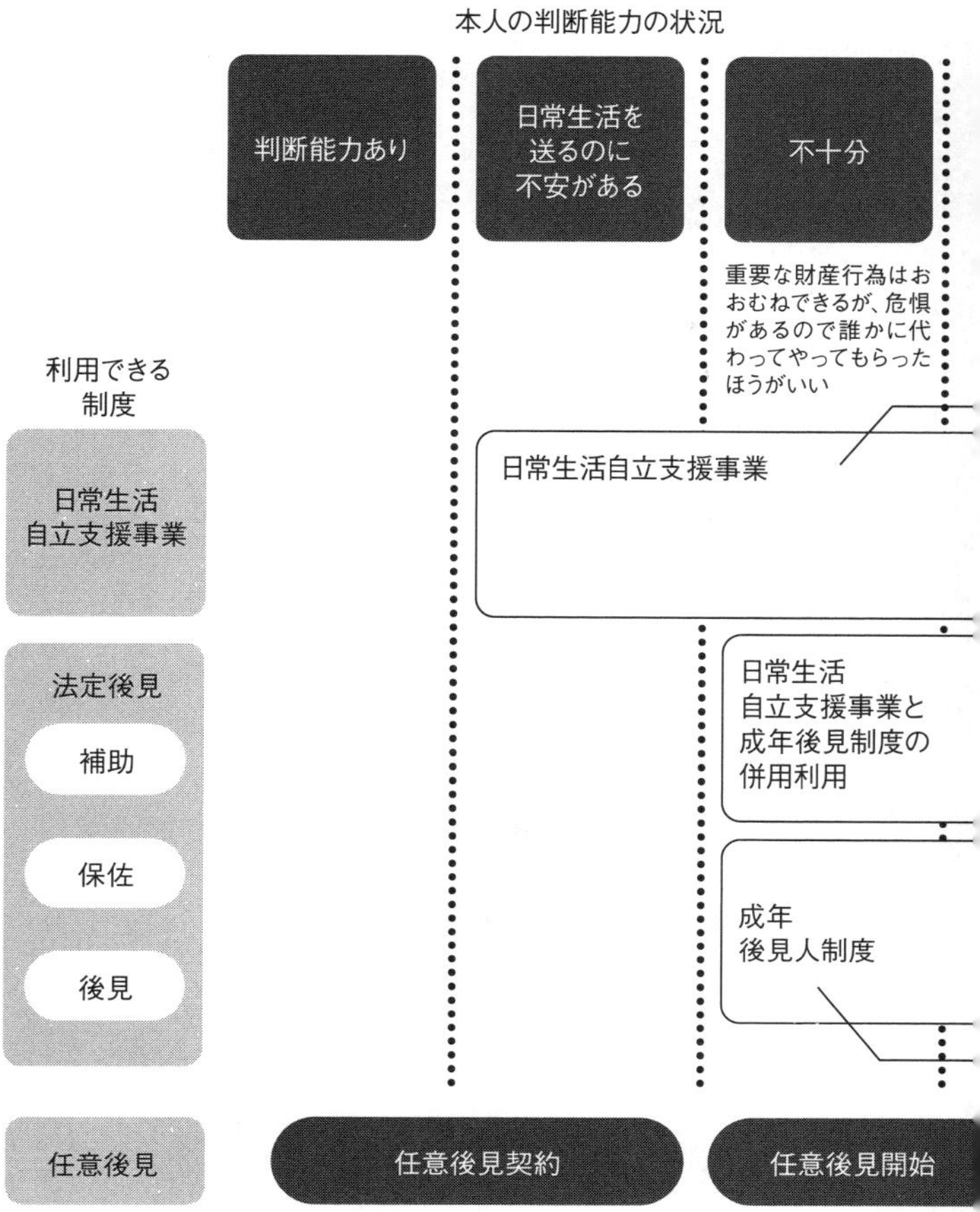

（4）親にかかるお金は親自身が負担すべき理由とは？

Q

世帯主が60歳以上の世帯において、貯蓄現在高が2500万円以上保有している世帯はどれくらい？

①約3分の1　②約5分の1

答えは215ページへ

世間で「老後や介護はお金がかかる」だの、「将来の年金が不安」だのと喧伝されているせいか、最近、20代、30代の若い世代から、「親が要介護状態になったときにどれくらいお金がかかるか心配」といったご相談を受けることが増えた気がする。

とにかく基本的に「**親を支えるお金は、親自身が負担する**」のが大前提だということを先に申し上げておきたい。

多くの親世代は、自分で老後や介護費用を準備している

その理由として、まず親世代もそれなりに経済的な備えをしていることが挙げられる。

ソニー生命保険の「親の介護と認知症に関する意識調査」（２０１３年）によると、親の介護に対する金銭的な準備について、親が「自身の介護のための金銭的な準備ができている」と回答した割合は76・5％。それに対し、子どもが「自分は親の介護のための金銭的な準備ができている」と回答した割合は38・8％となっている。

つまり、8割近い親は、自分の介護費用の備えをしており、子どもは、親の介護のためのお金の準備をしたいと考えながらも、なかなかおぼつかないという状況にある。

子ども世代が無計画に、親にかかる費用を援助していると、自分たちが老後を迎えたときに家計破綻に陥る可能性もある。さらに結婚していれば、双方の親への援助が重なるかもしれない。なんとかしてあげたいという気持ちがあっても、現実は厳しい。

親への経済的負担はきょうだい均等に

親にかかるお金は親自身でまかなうといっても、そのためには、これまで述べてきたように親の家計や資産の状況をある程度把握しておく必要がある。

確認した結果、親の懐具合があまり芳しくない場合や、介護が進んだ段階で不足してしまった場合には、子どもも負担せざるを得ない。

きょうだいがいるときは、何らかの事情がないかぎり、均等に負担するようにした方がよい。直接介護にかかわれない者が、多めに負担するという方法もあるが、人によっては、「こっちは多くお金を出しているのだから、あとは任せた」と言って、面倒なことや介護を一方に押し付けてくる可能性もある。

のちのち不公平感が残らないような話し合いや気遣いが必要で、こちらの方が明らかに多く費用を負担しているのであれば、相続時に示せるよう記録などをつけておくこと。

親の家計にムリ・ムダがあるようなら、家計を引き締めて、イザというときに使えるお金を殖やしておくように勧めるのもいい（ちなみに、お金や時間に余裕のある親世代は不必要に買いだめしがちだ）。

とにかく何事も早めの対処が肝心。親が経済的に余裕のないことが、早くわかっていれば、大きなお金が必要になったときに、子どもにもそれに対する心構えや準備の時間が出てくる。

世帯主が60歳以上の世帯において、貯蓄現在高が2500万円以上の世帯は？

答え ①：約3分の1

「家計調査報告（貯蓄・負債編）―2016年平均結果速報―二人以上の世帯）」（総務省）によると、世帯主が60歳以上の場合、貯蓄現在高が2500万円以上の世帯が全体の約3分の1（33・4％）を占め、二人以上の世帯全体における2500万円以上の世帯の割合（23・4％）の約1・4倍となっている。子ども世代よりも貯蓄額が多いのは確実だ。

第6章

第1部

「親の老後」の悩み、すべて解決します

「相続」に備える

（1）親が亡くなったあとの相続手続きはどうする？

Q

小さい頃に両親が離婚。ずっと会っていなかった母親が亡くなった。疎遠にしていたので相続するつもりはない。そんな場合に選択できる「相続放棄」について正しいのはどちら？

①前もって相続放棄をすることができる
②相続から3ヵ月以内に手続きが必要

答えは223ページへ

「相続」とは、亡くなった人の財産を引き継ぐことをいう。

親が亡くなった時点から、すぐに相続が発生する。大切な人を失っても、通夜や葬儀の手配、相続などさまざまな手続きがあり、悲しむひまもなかったという遺族は少なくない。

相続手続きには、期限が設定されているものが多く、期間中に手続きを完了させておかないと、不利益を被ったり、トラブルのもとになったりするケースもある。

そのときに慌てないために、どのような手続きが必要か一通り頭に入れておこう。

死亡後の相続手続きは「期限があるもの」「優先順位が高いもの」から

死亡後の手続きには、亡くなった直後から、通夜・葬儀を行うための「死亡に伴う基本的な届出や手続き」、葬儀が終わったあとに行う「名義変更・解約」「公的年金、公的保険、民間保険など各種申請」「税金の申告」その他（事業を営んでいた場合の手続きなど）、さまざまなものがある。

次ページの図表は、①相続手続きの流れ、②被相続人の財産が相続されて相続税を申告するまでの流れを、おおまかに時系列で併記したものである。相続手続きには、

②相続税申告までの流れ

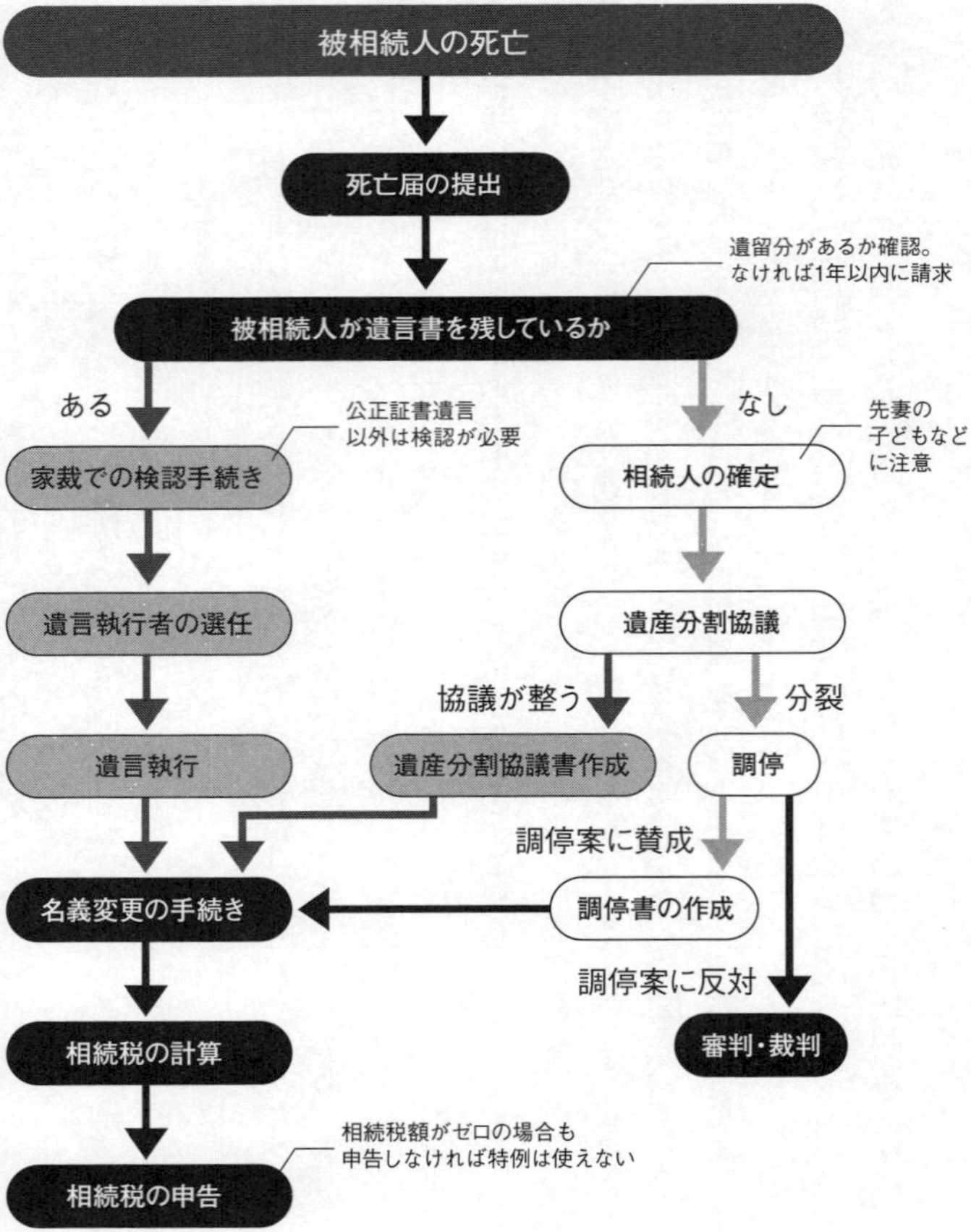

（4）相続で困ったら、どの専門家に相談すればいい？

Q

相続財産は、少しの預貯金と自宅不動産のみ。相続税がかかるかどうか計算する上で、土地の評価額はどこで調べればよい？

①近隣の不動産業者に査定してもらう
②国税庁のウェブサイトで調べる

答えは247ページへ

遺言で有効と認められるものは？

答え②：広告の裏紙に書き、封筒には入れない

自筆証書遺言による遺言は、遺言者が、その全文・日付・氏名を自書しなければならない（民法968条1項）。そのため、遺言の本文・日付をパソコンで作成した遺言は無効（民法960条）。一方、自筆証書遺言を作成する用紙や封筒に入れるなどの決まりはない。したがって広告の裏紙に書いたままの遺言は有効。ちなみに、万一、自筆証書遺言が封入・封印されていた場合は、開封せずに家庭裁判所へ持参し、「検認」の手続きを行う必要があるのでご注意を。

相続対策については、さまざまなノウハウ本や情報が提供されており、詳しい内容はそちらに譲りたい。そして、法律や制度の改正などで相続対策も変わることは多い。たとえば、以前、節税対策として、故意に養子縁組をすることが流行った。極端なケースでは、子の配偶者や孫など10人を養子にしたり、相続の前日に手続きをしたりといった事例が横行したそうだ。結局、やりすぎた租税回避の方法ということで、1988年の税制改正によって、法定相続人の数に含まれる「養子の数」には制限が設けられた（実子がいる場合は1人、実子がいない場合は2人まで）。

いずれにせよ、相続発生後はできることが限られている。

実行するのであれば、弁護士や税理士など、専門家に相談しながら、早めに計画的に行うことをお勧めする。

わりに、その者の財産を他の相続人に与える分割方法。

＊＊配偶者の税額軽減……配偶者が相続した財産が、法定相続分まであれば相続税がかからず、法定相続分を超えて相続しても、1億6000万円まであれば相続税がかからない。

相続対策にはどのようなものがある？

このような相続トラブルを回避するための相続対策として、①**争族対策**（相続人間で争いが起きないようにする）、②**納税資金対策**（相続税を納めるお金を準備する）、③**節税対策**（税金を安くする）の3つがある。

ポイントとしては、まず、相続税がかからない場合と相続税がかかる場合に分けて考えてみること。

まず、相続税がかからずに、相続人が1人しかいなければ、相続対策の必要はとくにない。財産の保全や運用に努めておけばいいだろう。

そして相続税がかからなくても、相続人が複数いる場合、遺産分割を行うため①が必要だ。

相続税がかかる場合は、①～③の対策をバランスよく行うことが重要である。

たとえば、先に父親が亡くなったときに「一次相続」、その後に母親が亡くなったときに「二次相続」が発生する。トラブルが生じやすいのは、一次相続よりも二次相続だ。

一次相続では、母親がすべて相続するケースが多く、「長年連れ添ったお母さんが相続するなら」ときょうだい間の不満も噴出しにくい。ところが、二次相続になると、それぞれの配偶者の思惑も絡んできて、対立が表面化しやすい。

父親が遺言書などを残しているケースはあっても、母親が生前、一次相続のときに相続した財産について、どのように分けたいかという意思表示をしている場合は少ない。一時相続の際の「**配偶者の税額軽減＊＊**」などの優遇措置も受けられない。母親自身もある程度の財産を持っていれば、さらに各人の相続税負担は重くなる。

本来であれば、二次相続のことを考慮して一次相続の遺産分割を話し合うことが大切なのだが、お互いに意思疎通が図れていないと、無理な相談だろう。

その上、親が要介護状態にあったかどうかや、そのサポートを、相続人の誰がしていたかによっても、相続時の対立は悪化し、相続トラブルは深刻化する。

＊代償分割……相続財産を相続人の間で分割せず、特定の相続人が特定の遺産を相続し、その代

セミナーや相談などで相続の話をすると、「うちには財産なんてないから、相続トラブルなんて関係ない」というような表情を浮かべる人が多い。しかし現実には遺産が少なければ少ないほど、限られた遺産を平等に分けようとしてもめてしまう。

実際、相続トラブルは急速に増えている。家庭裁判所に持ち込まれる相続関係の相談件数は、2012年には約17万5000件。この10年でおよそ2倍というペースだ。もめやすい遺産分割の紛争を見ると、2011年は8015件のうち、遺産が5000万円以下が70%超、1000万円以下でも30%を占める結果となっている。相続トラブルは、富裕層特有の問題とは限らない。

相続トラブルになりやすい事例とは？

最も典型的なパターンは、実家の不動産とわずかな預貯金が遺産というケース。一般的に、不動産は換金しにくく、公平に分割できないことが争いの原因になる。配偶者や長男など、実家を相続した人が、自宅不動産を相続した代わりに、他の相続人に代償金を支払う**代償分割＊**の現金が用意できず、〝争族〟が起こりやすい。

また、不幸というのは続くもので、立て続けに家族が亡くなることもある。

（3）要注意！ よくある相続トラブルの傾向と対策

Q

自分に万が一のことがあった場合に備えて、家族に内緒で自筆証書遺言を作成していた父親。次の遺言で有効と認められるものはどちら？

①本文や日付をパソコンで作成し、最後に自筆で署名する
②広告の裏紙に書き、封筒には入れない

答えは241ページへ

亡くなった父親が残した未返済の借金は？

答え①：相続人全員で返済しなければならない

遺産分割後であっても、未返済の借金があった場合は返済する必要がある。またプラスの財産と同じく、マイナスの財産（借金）も法定相続分に応じて、相続人に分割されることになっており、返済義務は、相続人全員が負う。なお、プラスの財産は、遺産分割協議で相続人の同意があれば、相続人の1人がすべて引き継ぐことができるが、すべての債務を引き受けることはできない。ほかの相続人の返済義務がなくなるわけではないのだ。

図表 改正前後で相続税の総額はこれだけ変わる！

●法定相続人：被相続人の配偶者＋子ども2人の合計3人の場合

	2014年12月31日までの相続		2015年1月1日以降の相続	
遺産の額	基礎控除額	納付する相続税総額	基礎控除額	納付する相続税総額
4,800万円	8,000万円	0円	4,800万円	0円
6,000万円	8,000万円	0円	4,800万円	60万円
8,000万円	8,000万円	0円	4,800万円	175万円
9,000万円	8,000万円	50万円	4,800万円	240万円
1億円	8,000万円	100万円	4,800万円	315万円

※配偶者に対する相続税の軽減を適用
※改正前の基礎控除額　5,000 万円＋1,000 万円 × 法定相続人の数
※改正後の基礎控除額　3,000 万円＋　600 万円 × 法定相続人の数

としてその一部を徴収して、社会に還元するという「富の再分配」を目的とする。

また、相続によって、相続人はいわば「棚からボタ餅」的に財産を得ることになる。そのような不労所得に対して課税するという意味合いもある。

誰しも「税金がかかる」と聞くと、つい身構えてしまうが、まずは自分が課税対象なのかどうかも含め、税に対する正しい知識と認識を持つことが肝心である。

続税を計算する土地評価額を80％減にできる措置が、240㎡から330㎡までの土地に拡大されている（2015年1月1日以後の相続から）。

有料老人ホームに入所後の自宅も特例の適用可に

このほか、小規模宅地等の特例に関する改正として、施設に入居している親を持つ人は要チェック。

これまで有料老人ホームに入所している場合、老人ホームが居住の本拠とされ、自宅については、小規模宅地等の特例の適用を受けられなかった。この要件が緩和され、介護が必要なため入所したものであることなどの要件を満たせば、特例の適用を受けられるようになっている。

さらに、親と同居する子ども世代には、二世帯住宅に関する改正（構造上区分のある二世帯住宅であっても、子世帯が居住している部分も含めて、本特例の適用可）も見逃せない（いずれの改正も2014年1月1日以後の相続から）。

そもそも、相続税は、被相続人が一生を通じて築き上げた財産を清算し、国が税金

自宅評価額が80％減！「小規模宅地等の特例」は拡充

相続税が大増税となる今回の改正だが、一方で減免措置も拡充されている。その一つが「小規模宅地等の特例」だ。この特例は、一定の宅地についてその評価を減額して、相続税を軽減させるというもの。

たとえば、「自宅だけを残して一家の大黒柱である夫が亡くなった」「一緒に商売をしていた父親が急に亡くなった」など、被相続人のおもな財産が居住用や事業用に使われていた宅地のみというケースはけっして珍しいことではない。

そんな場合、相続税評価額が高額なため多額の相続税がかかってしまい、手元資金では相続税を支払いきれず、唯一の相続財産である自宅を売却したり、事業を続けられなくなったりすることも考えられる。

具体的には、相続または遺贈により取得した宅地などが、被相続人などの居住用、事業用、不動産貸し付け用に供されていた場合、一定の面積までの部分について通常の評価額から一定割合を減額して課税価格を求めるしくみになっている。

今回の改正では、①子どもが親と同居している、②賃貸住宅に住む子どもが相続後に居住する——など一定の要件を満たしている自宅（特定居住用宅地等）の場合、相

4分の1ずつ相続する場合、改正前の基礎控除額は「5000万円＋1000万円×3人＝8000万円」。つまり、遺産が8000万円を超えなければ相続税は一切かからなかった。

これが改正後は「3000万円＋600万円×3人＝4800万円」となり、遺産が4800万円を超えてしまうと、相続税を支払わなければならない。

仮に、自宅不動産の評価額が3000万円だとすると、預貯金や有価証券などが1800万円以上あれば相続税がかかってしまう計算だ。

つまり今回の改正は、これまで相続税と無縁だった一般家庭にも影響を及ぼす恐れがあるということである。国税庁によると増税後の2016年分の相続税納税対象者は、これまでの約4％から8％と2倍近くに急増した。

とりわけ、地価の高い東京23区内やターミナル駅近辺などに戸建てのマイホームを所有している人は、課税対象となる可能性大。都心部では、2人に1人は相続税がかかる地域も出てくるのでは、といわれている。

また②についても、最高税率（各法定相続人の取得金額6億円超）が50％から55％に引き上げられた。一般家庭には関係ないが、富裕層への打撃は小さくない。

しかし、遺留分が認められているからといって、何もしなくてもよいわけではなく、遺留分を侵害された相続人は、遺留分を侵害している受遺者や受贈者、あるいは他の相続人に対して、その侵害額を請求してはじめて遺留分を取り戻すことができる。これを遺留分減殺請求といい、取り戻す権利のことを遺留分減殺請求権という。

遺留分減殺請求権には期限があり、**1年以内に行使しなかった場合や相続開始から10年を経過した場合などに消滅する。**何事も「求めよ、さらば与えられん」である。

2015年からの相続税改正のポイント

「相続税」とは、被相続人の財産を引き継ぐときに相続人などに課せられる税金だ。この相続税のルールが2015年1月から大きく変わっている。

おもな改正点として、①相続税の基礎控除額の引き下げ、②相続税の最高税率の引き上げの2点が挙げられる。

まず①について説明しよう。基礎控除額とは、税金が免除される金額のこと。これが2015年1月以後から大幅に引き下げられている。

たとえば、遺産を被相続人の配偶者が2分の1、2人の子が2分の1×2分の1＝

たとえば、法律上、いろいろな優遇措置のある「配偶者」だが、内縁の妻は配偶者と認められず、相続権がない。そこで、事実婚のパートナーやお世話になった第三者など、法定相続人以外にも遺産を分配したい場合、遺言書を作成してその旨を明記しておけばいい。

しかしここでも待ったがかかる。それが「**遺留分**」の規定である。

遺留分とは、遺言に優先して、相続人に残すべき最小限度の財産の範囲のこと。

本来であれば、被相続人が自分の財産を生前にどのように処分、あるいは亡くなった後にどう分けようが自由だ。しかし、一家の大黒柱を失い、これからの生活に不安を感じているところに、「財産のすべてを国に寄付する」なんていう遺言が出てきたら、遺族はさぞ驚き、困り果ててしまうだろう。

そこで民法上、被相続人が自由に処分できる財産の割合に制限を設けている。

遺留分が認められているのは、一定の相続人のみ（これを「**遺留分権利者**」という）。遺留分権利者は、法定相続人である配偶者、直系卑属またはその代襲相続人、および直系尊属である。ちなみに、**兄弟姉妹に遺留分は認められていない**。

また遺留分の割合は、相続人が直系尊属のみの場合は全財産の3分の1、その他の場合は全財産の2分の1となっている。

相続人によって法定相続分は異なる

法定相続人の範囲や順位と同じく、相続財産を引き継ぐ割合も民法で定められている。これを「法定相続分」といい、代表的なパターンは次のとおりだ。

①相続人が配偶者のみ……配偶者がすべて相続
②相続人が配偶者と子……配偶者2分の1、子2分の1
③配偶者と直系尊属……配偶者3分の2、直系尊属3分の1
④配偶者と兄弟姉妹……配偶者4分の3、兄弟姉妹4分の1

同順位の相続人が複数いる場合は、それぞれ人数分で均等に分ける。

最近、「子」の相続分について改正があったので述べておく。通常、本妻の子どもを「嫡出子」、内縁の妻の子どもを「非嫡出子」と呼び、民法上、非嫡出子の相続分は嫡出子の半分と定められていた。しかし、これは憲法上の法の下の平等に反するとして最高裁による違憲判決が出され、これを受けて民法が改正。2013年9月5日以後に開始した相続より、嫡出子も非嫡出子も相続分は同等になっている。

相続分には前述の「法定相続分」のほかに、「指定相続分」という被相続人が遺言で指定した相続分があり、法定相続分に優先して適用される。

①第1順位……子

被相続人に子ども（相続開始時に胎児であった場合や養子も含む）がいれば、配偶者と子どもが優先的に相続人となる。もし、相続開始前に子どもが亡くなっていた場合、その子ども（被相続人の孫）を相続人とする**「代襲相続」**が認められる。

②第2順位……直系尊属（父母・祖父母）

被相続人に子どもがいなければ父母が、父母がすでに亡くなっていれば祖父母が、というようにどんどん上にさかのぼる。

ちなみに、「直系」とは、血縁関係で父母から子孫へと一直線につながる親族のこと。直系のうち、父母、祖父母など、被相続人よりも前の世代を「直系尊属」。子・孫など被相続人よりも後の世代を「直系卑属」という。

③第3順位……兄弟姉妹

上位の順位の相続人がいなければ、兄弟姉妹が相続人になる。

相続開始前に兄弟姉妹が亡くなっていた場合、その子ども（被相続人の甥・姪）が相続人となるが、第3順位で相続人となるのは、甥・姪まで。その子どもに代襲相続は認められていない。

相続について、知っておきたいのは、亡くなった人の財産を引き継ぐ権利を誰が持つのかということだ。

相続では、亡くなった人のことを「**被相続人**」。被相続人の財産を実際に引き継いだ人のことを「**相続人**」という。

ただ、誰でも相続人になれるわけではない。民法では被相続人の財産を引き継ぐことのできる相続人の範囲や順序が規定されている。

この被相続人の財産を承継できる一定範囲の人が「**法定相続人**」となるのである。

法定相続人の範囲と順位は？

法定相続人は、被相続人の配偶者および子、父母や祖父母などの直系尊属、兄弟姉妹に限定されている。被相続人の配偶者（法律上の婚姻関係にある者）は、常に相続人となり、配偶者以外の血縁者は、次のように順位が決められている。

上位者から相続人となり、上位者がいれば下位者は相続人になれない。

要するに、被相続人が扶養していた可能性の高い順に、財産を相続する順序が定められている。

(2) 知っておきたい相続の基礎知識とは？

Q

父親が亡くなり、残された家族で遺産を分割し終わった後に、父親に未返済の借金があることがわかった！　この場合、正しいのはどちら？

①相続人全員で返済しなければならない
②一番多く財産を引き継いだ人が返済する

答えは235ページへ

「相続放棄」で正しいのは？

答え ②：相続から3ヵ月以内に手続きが必要

相続放棄とは「はじめから相続人にならなかった」として、相続人としての権利義務をすべて放棄することである。相続放棄は、相続人が単独で行うことができ、ほかの相続人と共同で行う必要はない。また手続きは、家庭裁判所で3ヵ月以内に行う必要があり、前もって（被相続人が亡くなる前に）手続きすることは認められていない。なお、相続財産の一部などを処分してしまうと、相続放棄ができなくなるので要注意だ。このほかに相続の方法として、すべてを相続する「単純承認」とプラスの財産の範囲内で債務を引き継ぐ「限定承認」がある。

この図表にある内容以外にも、国民健康保険の切り替えや遺族年金の請求、金融機関・公共料金などの名義変更・解約手続き、クレジットカードの停止、運転免許証やパスポートの返却など、多岐にわたる。

どれから手をつけてよいかわからないという人も多いだろうが、焦らず、申請期限が決められているものや、優先順位の高いものから手続きを行うこと。

ちなみに、これらの手続きは、①年金や給付金など「もらうもの」、②名義変更などの「うつすもの」、③停止・解約などの「やめるもの」、の3つに分けるとわかりやすい。くれぐれも漏れがないようにしたい。

なお、法要や葬儀等を依頼した葬儀社から、相続手続きに関する一覧表や小冊子を手渡されることもあるが、各種手続きは、窓口や申請期限、必要書類が異なっていて煩雑だ。不安に感じたら、専門家や市区町村などで確認することをお勧めする。

図表 相続手続きなどのタイムリミットに要注意!

①相続手続きの流れ

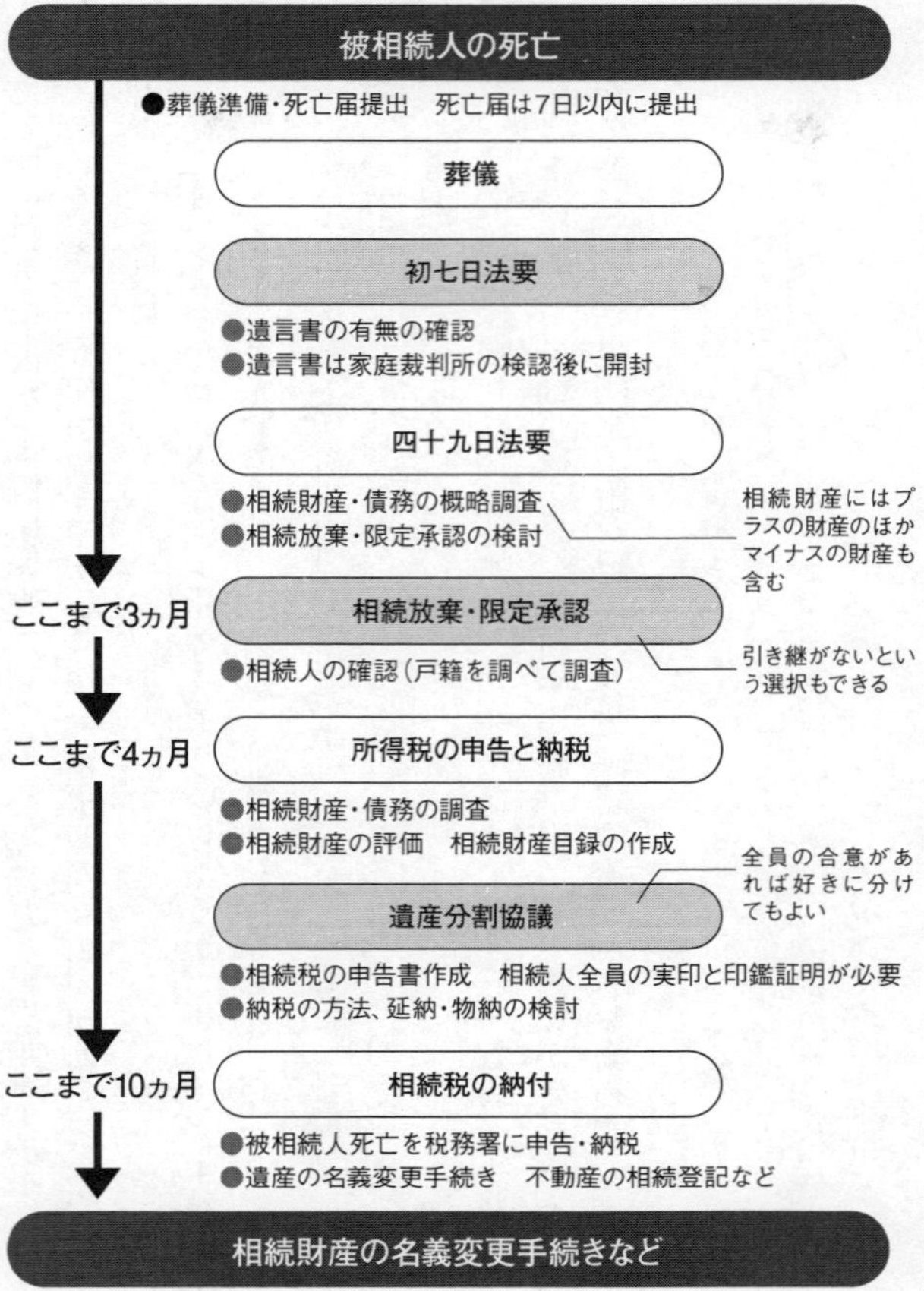

被相続人の死亡
●葬儀準備・死亡届提出　死亡届は7日以内に提出
葬儀
初七日法要
●遺言書の有無の確認
●遺言書は家庭裁判所の検認後に開封
四十九日法要
●相続財産・債務の概略調査
●相続放棄・限定承認の検討
相続財産にはプラスの財産のほかマイナスの財産も含む
ここまで3ヵ月
相続放棄・限定承認
引き継がないという選択もできる
●相続人の確認（戸籍を調べて調査）
ここまで4ヵ月
所得税の申告と納税
●相続財産・債務の調査
●相続財産の評価　相続財産目録の作成
全員の合意があれば好きに分けてもよい
遺産分割協議
●相続税の申告書作成　相続人全員の実印と印鑑証明が必要
●納税の方法、延納・物納の検討
ここまで10ヵ月
相続税の納付
●被相続人死亡を税務署に申告・納税
●遺産の名義変更手続き　不動産の相続登記など
相続財産の名義変更手続きなど

相続に関する調査や手続きは、知識の乏しい一般人にとって難しく、専門家に依頼した方が安心で確実だ。しかし、ひとくちに相続といっても、資産運用から不動産、税務、法律など、関係する問題が多岐にわたる。これらの専門的かつ高度な知識を持たない者が、適切な専門家を見つけるというのはなかなか難しい。

わが家の相続をどの専門家に相談するかは内容次第

おそらく相続というと、弁護士や税理士を思い浮かべる人が多いだろう。しかし、これらのスペシャリストは、専門分野が細分化しており、すべてが相続に強いとは限らない。

また、専門家に相談するにはそれ相応の費用がかかる。ある程度の費用負担は仕方がないとしても、安く抑えられるのであればそれに越したことはない。さらに相談してみて、別の専門家にも依頼しなければならなくなったら、費用は余計にかかる。

日本の相続は、相続財産がほとんど不動産であることも多いが、不動産評価に詳しくない専門家に依頼して、相続税を過剰に払っているケースもあるという。

ということで、少なくとも相続に関しては、相談内容や手続きによって適した専門家を選択すべきである。

次ページの図表は、相続に関する専門家の一覧だ。専門家といっても、それぞれできることとできないこと、強みと弱みがあることを知っておこう。

銀行などでは、相続の相談・手続きをトータルに行う

相談したい相続問題が、複雑に絡み合っている場合は、さまざまな分野の専門家を擁している組織に相談、あるいは幅広く相談に応じてくれるところを頼るのもいい。「NPO法人 遺言・相続リーガルネットワーク」では、遺言書の保管以外に、遺言・相続業務に強い弁護士の紹介も行ってくれるし、「NPO法人 遺言相続サポートセンター」では、相続に関する無料相談会や、各専門家の紹介サービスを行っている。

さらに「任せて安心」といえば、信託銀行の遺言信託だろう。資産運用や管理、税務などに精通した専門家を数多く抱えており、遺言書の相談から遺言書の保管・管理、遺言の執行、相続税の申告、各種届出などの代行サービス、さらには遺品整理や遺産をもとにした投資信託サービスも提供している。ノウハウがあり、きめ細かなフォローも期待できる。

図表 **相続に関する専門家等一覧**

専門家	おもな業務	メリット	デメリット
弁護士	トラブル解決	“争族”の可能性があれば相談。遺言執行者向き	費用は安くない。相続に詳しくない場合もある
司法書士	不動産登記	不動産の登記手続きを任せられる	権限が限定的。トラブル対応は弁護士へ
行政書士	戸籍等の書類収集	必要書類の収集に最適。遺言書作成も支援	相続税がかからない相続手続きの代行のみ
税理士	相続税の申告	一連の相続手続きから節税対策も可	相談するのは相続税がかかる場合に限定
不動産鑑定士	不動産の鑑定評価	不動産がおもな相続財産の場合は適正な評価が必要	有資格者が少なく、認知度も他資格に比べ低い
信託銀行	遺言信託	一連の相続手続きをまとめて支援	費用は割高(最低100万円〜)
FP(ファイナンシャルプランナー)	財産管理	相続財産の分割など包括的に相談可	生前の相続対策がおもな役割

ただし最大のネックは、費用が割高なこと。実費に加え、銀行だけで対応できない専門業務には、専門家にかかる費用も上乗せされるため、最低100万円は必要だ。

いずれにせよ、ある程度の費用がかかっても安心感や信頼性を重視するか、手間や時間はかかっても自力でやって費用を節約したいのか、それぞれケースバイケースといえる。

FPは他の専門家への橋渡し役?

これまで挙げたように相続業務にかかわる国家資格には、弁護士、司法書士、行政書士、税理士、不動産鑑定士などがあるが、意外に役に立つのがFPである。

FPは、これら国家資格と違って、その資格を持っていなければできない独占業務があるわけではない。それだけに、生前の資産運用や遺産分割、節税対策、納税対策など包括的かつ総合的に相談できるといった面もある。

さらに、相続が発生した場合、どの専門家へ相談したらいいか〝橋渡し〟や〝交通整理〟をしてくれるのもFPの重要な役割の1つだ。

土地の評価額は
どこで調べればよい？

答え ②：国税庁のウェブサイトで調べる

土地の評価額は、国税庁が公表する路線価で評価される。路線価は、都市部の土地にはほとんどついており、国税庁のウェブサイトで誰でも自由に閲覧できる。ただし、地方や東京23区内では路線価が設定されていない地域もある。その場合は、固定資産税評価額を用いて計算するなど別の方式による。どちらにしても、土地の評価方法や評価額によって、相続税額が大きく変わる可能性があることは覚えておこう。

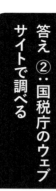

第7章

第1部「親の老後」の悩み、すべて解決します

「葬儀」「お墓」に備える

（1）お葬式にかかるお金と賢い節約法とは？

Q

父親が亡くなり、はじめて経験するお葬式のダンドリに戸惑うばかり。なかでも困ったのがお寺への「お布施」。住職に尋ねても「お気持ちで結構です」とはっきり教えてくれない。お布施の相場はどれくらい？

①30万円　②50万円

答えは255ページへ

親を看取って、まず直面するのが葬儀である。病院で最期を迎えるのが当たり前になった昨今では、家族との葬儀の準備や打ち合わせは、病院からスタートする。

亡くなるとすみやかに遺体は病室から霊安室に運ばれ、搬送先が決まるまで仮安置される。事前に葬儀社を決めていなければ、病院出入りの業者に搬送を依頼することになる。

まず注意したいのは、この時点では、あくまで搬送と腐敗の進行を防ぐ処置だけに限定して頼むこと。長期間の看病疲れや気持ちが動転していることもあって、つい勢いで契約してしまいがちになるが、葬儀社の選定は搬送後、安置してからでもけっして遅くはない。

お葬式にかかる費用の目安とその内訳は？

葬儀について関心の高いのは、やはり「葬儀費用がどれくらいかかるのか？」だろう。調査によると、葬儀費用の全国平均は、約195・7万円（「第11回葬儀についてのアンケート調査（2017年1月）」日本消費者協会）。

同調査は3～4年に1度のペースで実施され、前回（2014年）よりも約7万円増加している。だが、これはあくまでも平均額。葬儀費用は、葬儀の形式や宗教者の有無、商品のグレードなどで変わるし、個人差や地域差も大きい。一般的な葬儀費用は、次の3つをトータルした金額だと覚えておこう。

①葬祭費用……祭壇・棺・仏具一式など葬儀社に直接支払う費用、火葬料・車両代など葬儀社が立て替える費用、心付けなど

②飲食・接待費用……通夜から精進明けまでの飲食代

③寺院・神社にかかる費用……お布施（読経・戒名）、神社への祭祀料、献金など

トラブルにならないために、見積もりは必ず取ること！

葬儀業界には、「葬儀業者は月に1体死体が出れば食べていける。月に2体なら貯金ができ、月に3体なら家族で海外旅行できる」という言葉があるそうだ。

葬儀社のウェブサイトやチラシでは、「葬儀費用一式〇〇万円」など各種プランやセット料金表が表示されている。しかし、その内訳は葬儀社によってバラバラ。葬儀本体だけという場合も多く、基本セットだけではイメージしている葬儀を行えないこともある。

最近は、異業種からもさまざまな事業者が参入し、明朗会計をウリにしているところもあるが、割安だからといって飛びつくわけにはいかないのが冠婚葬祭だ。

また、高齢者のなかには「冠婚葬祭互助会に入っているから心配ない」という人もいるが、掛金だけでは葬式費用の一部にしかならず、契約にない部分は、追加費用というかたちで請求される。

長年加入している場合は、サービス内容の確認が必要である。

これらをふまえて、葬儀を行う前に、少なくとも2社以上から見積もりを取るようにしよう。見積もりは必ず書面で受け取り、変動もしくは追加費用が発生する可能性がある項目を、きちんと説明してもらうこと。見積もりを比較する場合には、何が含まれているか内容を把握しておくことが肝心だ。

請求書を見てびっくり！　葬儀費用は節約できる？

葬儀費用は、後日、業者から請求書が届くので、1週間をメドに現金や振り込みで支払う。請求書が送られてきて、あまりの金額に驚かないよう、できるだけ予算の範囲内でまかなえるようにしたい。

予算については、結婚式と同じく、葬儀費用は膨らみやすい。遺族の見栄や世間体の心理が働いてついついグレードを高くしてしまいがちだからだ。見積もり時点で、寺院費用を除く予算の8割程度を提示し、その予算内で施行を依頼する手もある。

葬儀費用を節約したいなら、まず規模を小さくすることを検討してみよう。とくに人数は重要。参列者が増えると、広い式場が必要になるし、それに見合ったランクの祭壇を設置しなければバランスが取れない。飲食代や返礼品の数も増える。

逆に、人数を絞りすぎたり、参列者が予定よりも少なければ、香典の総額も減ってしまう。その分、遺族の費用負担も重くなるので、調整はなかなか難しい。

公的医療保険からお葬式代の一部が出る?

見落としがちだが、健康保険など公的医療保険には、葬儀費用がもらえる制度がある。健康保険の場合、被保険者が死亡すると、被扶養者など埋葬を行うべき人に「埋葬料」として一律5万円。被保険者の被扶養者が死亡した場合は、「家族埋葬費」という名称で同額が支給される。埋葬を行うべき人がいない場合には、埋葬を行った人が、5万円の範囲内で、埋葬の実費が「埋葬費」として受け取れる。

自営業者など国民健康保険の場合、葬儀を行った人に「**葬祭費**」が支給される。給付内容は条例で定められており、支給額は市区町村によって異なる（東京都世田谷区の場合7万円〈2017年12月現在〉）。

金額は多いとはいえないが、もちろんどれも申請が必要となっている。もらえるものはもらっておこうの精神で、手続き漏れがないよう注意したい。

お布施の相場ってどれくらい？

答え①：30万円

基本的にお布施に決まりはない。ただ地域や宗派によって、ある程度相場のようなものがあり、「御経料（通夜〜葬儀告別式まで）」20万円＋「一般的な戒名」10万円で合計30万円くらいが相場といえる。もちろん、寺の格式や戒名の位が高くなると金額もうなぎのぼり。わからなければ、地元の葬儀社や寺指定の石材店で確認してみる方法もある。

（2）最近の葬儀事情と葬儀費用の備え方

Q

やっとお葬式が終わったと思ったら、葬儀社から100万円以上の高額請求書が届いた。手持ちの現金や預貯金では足りないが、葬儀費用って、ローンやクレジットカードが使えるの？

①使える　②使えない

答えは261ページへ

近年、大規模な葬儀は減少しつつある。今や、近親者のみの「家族葬」が、都市部の葬儀の半数以上を占め、弔問や香典などは辞退するという方法が一般化している。通夜や告別式をしない火葬のみの「直葬」も、経済的理由から選択する人が増えているという。

今後も、長寿化で故人の年齢も上昇。会社や組織との社会的結びつきや、地域社会における人間関係も希薄になっている。もはや葬儀は、「家」主体から「個」主体で行うものへと様変わりしつつある。

葬儀の種類にはどのようなものがある？

最近の終活ブームで「自分らしいお葬式をしたい」と考える人が増えた感があるが、葬儀の種類や形式といっても、さまざまなものがある。

①一般的な葬儀……友人や知人、勤務先の同僚などが参列する一般的な葬儀。宗教によって「仏式葬儀」「キリスト教葬儀」「神式葬儀」などに分かれる。

②家族葬……家族や親しい友人など少人数で行う葬儀。「密葬」と混同されがちだが、本葬とセットになっているのが密葬である。

③無宗教葬・お別れの会（偲ぶ会）……宗教者を招かずに、宗教的儀式の入らない自由なかたちで行う葬儀。葬儀というよりも、告別式や追悼式というべき形式。
④自由葬・プロデュース葬……「音楽葬」など、従来の葬儀の形式にこだわらずに自由な発想で行う葬儀。無宗教で行う場合もあるし、そうでない場合もある。
⑤直葬……通夜や葬式を行わずに火葬だけを行う葬儀。火葬式ともいう。
⑥1日葬……ワンデーセレモニーとも呼ばれる。通夜と葬儀を1日で行う。
⑦生前葬……本人が生前に行う葬儀。お世話になった人に直接お別れを伝えられる。

家族葬・直葬のココに注意しよう！

簡素な家族葬や直葬がブームのようになっているが、葬儀は一人1回限りでやり直しがきかない。行う前には、よくメリットとデメリットを考えて慎重に決めよう。

まず家族葬は、一般の弔問客は受け付けないため、家族や親しい人だけでお別れができ、費用も抑えられる点がメリット。一方、訃報を知った周囲の方々が個別に自宅を訪問し、遺族にとって対応が負担になるというデメリットもある。

費用についても、安くあげられると思いがち。しかし一般葬と同じように、通夜と葬儀・告別式の両方を行うため、人数が少なくても式場などを利用すると、一般葬と変わらないケースも出てくる。

また直葬は、必要最低限のシンプルな葬儀。費用は15万〜30万円程度と割安だ。ただし、法律上、死後24時間は火葬できないため、自宅に連れて帰れない場合は、葬儀社や斎場の安置所に遺体を預かってもらうことになる。

安置所によっては、その間の対面ができず、対面できたのは火葬場だけで、十分なお別れができず残念だったというケースや、親族から「こんな葬儀ではダメだ」とクレームが続出。収拾がつかなくなり、途中から通常の葬儀に切り替えるケースもあるという。

葬儀費用は何で準備する？

「自分のお葬式代くらいはちゃんと用意してあるから」と、日頃子どもに言っている親は多い。だが、おそらくその原資となっているのは預貯金だろう。

ところが預金口座は、名義人が亡くなると一時的に凍結され現金が引き出せなくなってしまう。そうなると、そのお金は相続の話がまとまるまで使えない。

そこで最近、注目を集めるのが保険商品である。以前は請求しても保険金がおりるまで数日かかる商品がほとんどだったが、最近は、支払い日数を短縮化したり、迅速さをウリにしたりする商品も多い。

その典型が葬儀費用や葬儀後の整理費用に備える「ミニ保険＊（少額短期保険）」である。一般的な生命保険や医療保険の加入可能年齢は通常80歳までとなっているのに対し、ミニ保険は80歳以降も加入でき、掛金も割安だ。保険金が支払われるまでの期間は、商品の条件によって異なるが、たとえば、保険証書と死亡診断書をファクスすれば翌営業日に保険金が受け取れる場合もある。

このほか、本人が亡くなったときに、あらかじめ葬儀費用を指定しておいた受取人（帰属権利者）に渡せる信託商品も登場している。

三菱ＵＦＪ信託銀行の「受取安心信託」は、50万～500万円まで。信託報酬や運用報酬が必要だが、死亡診断書など一定の書類を提出すれば、すぐにお金が受け取れる。また、相続発生前に病院などに入院している場合でも、あらかじめ指定した「受益者代理人」からの請求により、入院・治療費を信託財産から支払うことが可能だ。個々のニーズに合わせ、どのように葬儀費用を準備しておくのがベストか考えておこう。

＊ミニ保険……2006年4月の保険業法改正で導入。保険金額が少額（上限1000万円）かつ保険期間が短期（生命保険は1年、損害保険は2年）である。一般の保険より低コストのため、ペットの医療保険、糖尿病患者向けの医療保険、自転車保険など、ニッチな分野を扱う。

葬儀費用って、ローンやクレジットカードが使える？

答え ①：使える

葬儀費用などの支払いは、現金払いが一般的だが、葬儀社によって自社ローンやクレジットカード払いができる場合もある。最近は、葬儀費用をクレジットカードで支払ったり、ローンを組める「セレモニーペイ」という決済サービスも登場。現金でも、事前に分割払いの相談に応じたり、生命保険金がおりるまで支払いを待ってくれる葬儀社もあるので、早めに相談を。

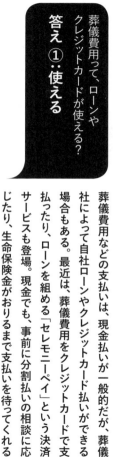

（3）どうするお墓？ これからのお墓選びとかかる費用

Q

お墓の広告などで「永代供養」ってよく見かけるけど、いったいどういう意味？

①永久に供養してもらえる
②寺院や墓地管理者に聞かなければわからない

答えは267ページへ

おもなライフイベントである、就職、結婚、出産、マイホーム購入などをまったく経験したことがない人でも、「死」だけは避けられないイベントだ。本当の意味での「終《つい》の住《す》み処《か》」となるお墓をどうするか？　ということは大問題といえる。

しかし、ある調査によると、「墓地がない」と回答した人は35・6％（「第9回葬儀についての調査〈2010年〉」日本消費者協会）。3人に1人はお墓を持っていない可能性があるということだ。

知っておきたい墓地＆お墓の基礎知識

●墓地の種類

法律（墓地埋葬法）でお墓は許可された墓地にしかつくることができない。墓地を運営母体別に分類すると、①公営墓地、②民営墓地、③寺院墓地の3つに分けられる。

墓地を選ぶポイントは、おおまかにいうと信仰している特定の宗派があり、檀家になっている寺がある場合は③、信仰している宗教はとくになく、お墓にあまり費用をかけられない場合は①、こだわりの墓にしたい場合は②といった感じだろうか。

①公営墓地……自治体が管理運営する墓地。管轄内に住んでいること、遺骨があるこ

とが条件。経営や運営面で安心でき、②③と比べて価格も割安で、宗旨宗派や石材店の選択も自由という点がメリット。一方、居住地や遺骨の有無によって応募条件が厳しく、都心では競争率が高いというデメリットがある。
②民営墓地……公益法人もしくは宗教法人が経営している墓地のうち、宗教や宗派を問わない墓地。①③に比べて供給が多く、設備が整っている。ただし、指定石材店制度や墓石の形や高さなど制約のある墓地もあり、費用も比較的高額。
③寺院墓地……寺院の境内などにあり、寺院が檀家などのために設けている墓地。立地がよく、手厚い供養が受けられる半面、寺院の檀家になることが条件。寄付などを求められる。最近では宗派を問わない寺院もある。

●お墓の種類

墓地と同じくお墓にも種類がある。お墓を選ぶポイントは、お墓の承継者（お墓の跡継ぎ）がいるかどうか。最近は、子どもに負担をかけたくないという理由から、承継者が不要のお墓（次の①②以外）を選ぶ人も増えている。

また合葬墓や最近人気の樹木葬は、他人の遺骨と一緒になってしまうと、取り出せなくなる。慎重に選ぶことが大切だ。
①従来の個別墓……墓石に「〇〇家之墓」と家名が刻まれた個人専用のお墓。かつて

は主流だった。承継者が必要だが、管理料が未納で連絡が取れなければ、霊園の管理者が一定の手続きを経て、墓を撤去することができる。

②納骨堂……一時的に遺骨を預かる施設として寺院などには以前からあった。今はお墓の代わりとして永代的に遺骨を収蔵する施設となっている。都心部などに多く、仏壇式、お墓式、搬送式、ロッカー式、棚式などの形式がある。

③永代供養墓・合葬墓……承継者は不要で、寺院や墓地管理者が永代にわたって管理する。寺院などが供養を行うものを永代供養墓、管理だけ行うものを合葬墓（合祀墓）と呼ぶ。

④共同墓……石碑や供養塔などといった納骨のスペースに共同で遺骨を納骨するスタイルのお墓。以前は、身寄りのない人や承継者がいない人のためのものだったが、最近では生前に手続きをする会員制の共同墓が注目されている。

⑤自然葬・樹木葬……海や山などに散骨を行って自然に還すことを自然葬という。通常の葬儀の後、遺骨の一部を、簡単な儀式とともに散骨することが多い。散骨は、扱いのある葬儀社、もしくは散骨専門の業者に直接依頼する。また、樹木葬は、墓石の代わりに樹木を植えたお墓のこと。1人あるいは1家族で1本の木というところもあれば、1本の木を多くの人と共有するところもある。

お墓にかかる費用の目安は？

一般的なお墓にかかる費用として、おもなものは次の3つとなっている。

①永代使用料……お墓を建てる土地の使用料。墓所使用料もしくは、永代供養墓や納骨堂などの場合、永代供養料と呼ばれることもある。数万～100万円を超えるケースもあり、区画面積や地域などによって異なる。

②墓石・工事代（外柵・工事費用など含む）……石材費や工事・加工代。区画面積や地域、石の種類などで異なる。〝墓石のベンツ〟ともいわれる庵治石《あじいし》は最低ランクでも220万円程度。墓石の平均購入価格は167・3万円となっている（「2017年お墓購入者アンケート調査」一般社団法人全国優良石材店の会）。

③管理料……墓地やそれに付属する施設などの維持管理にかかる費用。「年間管理料」「年間護持会費」といったかたちで毎年納める。5000～2万円程度。

このほかに、寺院墓地では入檀料や寄付金などが必要になる。

いずれにしても、葬儀と同じくお墓にかかる費用は、地域ごとの差も大きい。参考にする場合は、あくまでも1つの目安として考えておこう。

「永代供養」ってどういう意味？

答え②：寺院や墓地管理者に聞かなければわからない

そもそも永代供養とは、後継者がおらず墓守ができない人に代わり、寺院や墓園業者が永代にわたって供養と管理を行うことをいう。だが実際には、弔い上げとなる三十三回忌、五十回忌までといった内規があることも多く、いつまで供養してもらえるのか、寺院や墓地管理者に確認が必要だ。営業用語と化した「永代」という言葉について誤解からトラブルも多い。内規の期間終了後は、合祀墓に合祀されるケースがほとんどとなっている。

（4）お墓の引っ越し「改葬」にかかる費用と手続き

Q

遠く離れた故郷にあるお墓を、自分が住んでいる近所に移したいとお寺に申し出たら、離檀料として1000万円を請求された！　払う必要はある？

①ある　②ない

答えは273ページへ

まだお墓を持っていない人がこれから準備するのは大変だが、すでにあるという人も悩みは尽きない。

都市圏に住んでいて、実家もお墓も遠い場合、お墓参りに行くだけでも大変である。足腰が弱ったために、お墓の掃除もままならないという人もいる。高齢化や核家族化で、先祖代々の墓を守り続けるのも容易ではない。

そこで定着しつつあるのが、お墓参りや掃除の代行ビジネス。年1回のお墓の掃除に加え、墓の破損の修復費用を保証する「**墓守代行コース**」などを設けている会社もある。

さらに、全国の介護施設と契約し、ヘルパーが自宅から墓まで、送迎してくれるサービスもある。費用は、ヘルパーの同行費用や墓地までのタクシー代など、平均4万～5万円。それでも数ヵ月に一度はお墓参りをしたい高齢者は少なくないそうだ。

お墓の引っ越し「改葬」を考えている人も増えている

このような代行サービスを利用せず、荒れ果てた無縁墓状態のお墓も各地で目立ち始めている。そんななかで最近増えているのが、お墓の引っ越し――「**改葬**」だ。お墓を撤去したり処分したりする「墓じまい」と同じ意味合いである。

厚生労働省の調査によると、2015年度の改葬件数は、9万1567件。過去10年間では、おおむね増加傾向にある。とくに改葬が多いのは東京だ。

改葬の理由は、「お墓の管理・維持が大変」「墓が遠い」「地元に墓守がいなくなった」「離れて住む息子や娘に手間をかけたくない」「(遺骨となってからは)子どもや孫のそばにいたい」など、まさに十人十色だが、いずれも切実な願いである。

なお、納骨堂に納める場合は、墓石そのものを持ってくることはできず、骨壺だけの改葬となる。また墓石と遺骨をすべて移動する場合でも、移転先の霊園等によって、墓石の形や大きさを制限しているところもあり、すべて希望どおりに移転できるとは限らない。

一般的な改葬の手順と費用の目安は?

基本的に、改葬はお墓の使用者が自由にできる。とはいえ単純に、新しい墓を確保して、元の墓から遺骨を移せば済むというわけではない。いったん埋葬した遺骨を勝手に動かすのは法律で禁じられており、墓地管理者や自治体の許可が必要だ。

改葬の一般的な手順は、次ページの図表のとおりである。

改葬許可申請書などは、自治体のウェブサイトや郵送でも入手できることが多いが、地域によって必要書類は異なる。自治体で必ず確認しておこう。

改葬費用に関しては、２００万～３００万円くらいが相場。ただし費用が発生する項目が多岐にわたり、ケースによって、かなり差が出てくると考えておいた方がよさそうだ。ちなみに、今のお墓の墓地は、更地にして返還するが、原則永代使用料は戻ってこない。

さらに、今のお墓が寺の寺院墓地で、改葬を機に檀家を離れる場合、菩提寺の了解（署名）を得なければならない。その際に、寺院墓地の管理者に払う「離檀料《りだんりょう》」を請求されることもある。法外なほど高額な請求をする寺もあるそうで、トラブルになりやすい。

いずれにしても、実際に改葬した人の話では、関係者との打ち合わせや法要などで、何度も現地に行って、かなりの時間や手間がかかったそうだ。検討している場合は、計画的に準備を進めよう。

図表 一般的な改葬の手順と必要書類とは

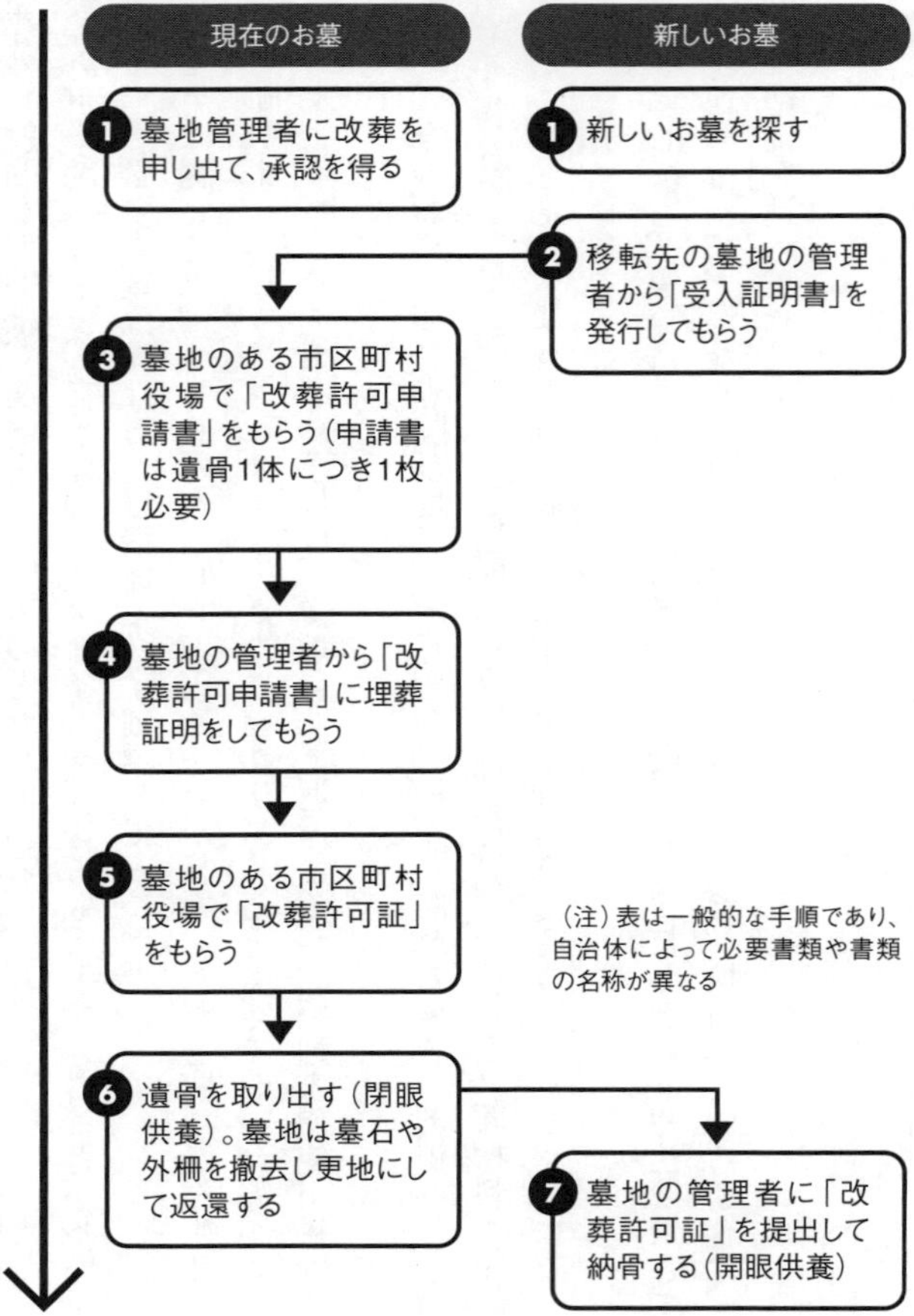

お墓の引っ越しを申し出たら
離檀料を請求された。
払う必要はある?

答え ②:ない

離檀料とは、改葬等で離檀をする際に、それまでの菩提寺に渡すお布施のこと。法律的に支払う根拠はないが、改葬の際に、現在の墓の管理者から了解の署名をもらう必要があるため、手切れ金のような意味合いで請求されることがある。離檀料の請求が正当化されるケースとして「この地域では、改葬あるいは離檀時に住職が指定する離檀料を支払うことが当たり前で、今までずっとそのようにしてきた」などの場合が考えられるが、一般的にそのような事例はまずない。スムーズに事を進めるには、寺院には事前に相談しておくこと。改葬の理由や事情をきちんと説明するとともに、これまでお世話になった感謝の気持ちを述べよう。

第2部

実録！私はこうやって離れて住む親を介護しました

事例1

まさか三男の夫が老親の面倒を見ることになるとは!?

家族構成

川内恵美子さん（仮名・52歳）
自由業／2人姉妹の長女 千葉県在住

夫（63歳）
会社員／3人兄弟の三男

長女（21歳）

夫の実家は新潟で、山形に近い郡部にあります。東京から新幹線で新潟まで行き、そこから在来線に乗り換え、駅に車で迎えに来てもらい……、というような、車がないと、不便な場所です。

義母は3年前。義父は2年前に亡くなりました。両親とも、最後は要介護5になっていたと思います。亡くなるまで、両親とも10年以上、夫は、介護のために実家に通い続けました。

苦労の始まりは、今から約13年前。自転車で山菜採りに出かけた先で義母(当時79歳)が倒れているのを通りかかった人が見つけて119番通報。くも膜下出血でした。

親戚からの連絡を受け、とりあえず先に、夫が駆けつけたときには、心肺停止状態。医師からは、「五分五分」と告げられました。私も、その当時、小学生だった娘とともに、仕事や学校の役員会も放り出して、新幹線に乗ったのを覚えています。

義母は小柄な人でしたが、心臓が丈夫だったのでしょうか、翌日息を吹き返し、手術をすることになりました。

そしてその後、3ヵ月ほどの入院生活で、義母は認知症が進行。退院後、ようやく見つけたグループホームに入所しましたが、認知症のため、他の人とうまくコミュニケーションが取れません。結局、退所せざるを得ませんでした。

そこを出てしばらくは、自宅で訪問介護を受けていたのです。すると、今度はヘルパーとのトラブルが続出。それから、特別養護老人ホームに入所するまで、老人保健施設や特別養護老人ホームのショートステイを利用しながら、なんとか在宅介護を続けました。

一方、そんな義母と同居していた義父（当時82歳）は足が悪く、数年前から車いすの生活です。

意識はしっかりしているけれど身体が不自由な義父と、足が丈夫でどこにでもフラフラと出かけてしまう認知症の義母。まったく、サイアクの老夫婦所帯でした。


夫は3人兄弟の末っ子です。長兄は両親と同居していましたが、離婚後、家を出てからほとんど音信不通状態が続いています。次兄は上京して、事業に成功したものの、49歳のときに肺がんで亡くなりました。

夫が三男だということで、結婚後は私の方の姓になるなど、うちの両親からすれば、「婿に来てくれた」くらいに思っていたはずです。それなのに、まさかわが家が、夫の両親の面倒をすべて見ることになるなんて。

幸い、地元での両親の日々の細かな面倒は、義父の2人の弟（叔父）家族と、義母の姪家族、夫の従姉などが見てくれていました。非常に助かったのですが、やはり、何かあるたびに、入所している施設や叔父たちからわが家に連絡が来ます。夫は、おちおち仕事もしていられない状態でした。

その当時の夫は、会社の管理職。仕事が超多忙を極めるなか、週末のたびに車で片道5〜6時間かけて、新潟と千葉を往復するのは、精神的にも肉体的にも本当に大変でした。もちろん経済的にも。

以前、義父は小さな商店を経営していましたが、あまり蓄えもなく、年金も国民年金だけ。しっかり者の義母が、少々貯金をしていた分で、2人の葬式代程度（義父130万円、義母100万円程度）は捻出できたものの、葬儀前後の宿泊費や食事代、四十九日や三回忌法要の費用は、すべて私たちが負担することに。一周忌のときには、満期になった娘の学資保険まで一時的に手をつけることになりました。

往復の交通費以外に、義母の治療費、両親の施設入所の費用、地元でお世話になっている親戚への心付けなど。費用はかさむ一方です。

とくに、グループホームは高額でしたね。月額7万〜8万円はかかったでしょうか。

夫の収入以外に、共働きだった私の貯金からも捻出しています。それでも結局まかないきれなかったらしく、夫は私に内緒で、会社から借金をしていたのです。はっきりとはわかりませんが、200万円くらいかな？　おかげで定年退職時の退職一時金だけでは、自宅のローンが完済できず、いまだに夫は働いています（苦笑）。

本人はしんどいって言ってますけど、働いていた方が、いつまでも元気でいられるんじゃない？って励ましているところです。

なんとか落ち着いてきたと感じられるようになったのは、両親ともに同じ特別養護老人ホームに入所できてからですね。義母が亡くなる2、3年前くらいです。

私自身の実家は福岡にあります。両親ともに健在ですが、夫の両親の介護を遠目に、「子どもと離れて住んでいると大変だ」と考えたのでしょう。私の妹も千葉在住ということもあって、数年前から九州の実家を賃貸に出して、近くに引っ越してきました。

今の最大の悩みは、夫の実家の処分。誰も欲しがらない上、解体にもお金がかかります。現在は放置したままで、毎年、固定資産税だけは払っている状態です。

本当に大変なことの連続でした。

夫の両親の介護を経験してみて、子どものために、親はやっぱり老後の資金を貯めておくべきだと痛感しています。実際には、親の介護費用が尾を引いているのか、自分たちがつい使ってしまうのか。全然、貯まっていないんですけどね（笑）。

**お金のプロから
アドバイス**

親の介護の費用がかさみ、自分たちの定年退職後の計画や老後資金に影響を及ぼすケースもある。空き家についても、倒壊の恐れがある場合など、固定資産税の優遇措置の適用除外になる可能性もあり、何事も早めの対処が必要だ。

事例2

父→妻の母→母と連鎖的に親の「同時多発介護」が発生!

家族構成

下村一雄さん(仮名・58歳)
自由業/3人兄弟の次男 東京都在住

妻(61歳)
会社員/4人姉妹の三女

2年ほど前に、父（享年83）が膀胱がんで亡くなり、母（83歳）も昨年の春に、脳梗塞で倒れて、4ヵ月ほど入院していました。

その後、退院してから自宅へ戻り、私の出身地である北海道苫小牧市でひとり暮らしをしています。

私と弟は関東在住ですが、長男は、実家から車で15分ほどのところに住んでいます。でも仕事が忙しいみたいで、母の入院中のこまごましたことや、ふだんの買い物などは、義姉がやってくれています。ただ、嫁姑ですからね。いろいろと合わない部分もあるのでしょう（苦笑）。

母がそれについて愚痴をこぼすこともあります。それに、義姉のご両親も高齢で、そちらにも介護のため通っていて大変みたいです。

現在、母は要介護2です。脳梗塞で倒れる前は、要支援1でした。今は、デイサービスに週2回通っていますが、倒れる前から「さびしい」と言って、週1回利用していたんです。ああいった施設には、男性より女性の方がなじみやすいんでしょうね。「行くのが楽しい」って言っていますよ。

年相応の物忘れはありますが、意識はしっかりしています。家事や身の回りのことなど、なんとか日常生活を送ることはできています。

たださすがに、車の運転はやめてもらいました。不便な土地柄ですから、本人は不満げでしたけれども、事故など起きたら大変です。運転免許証の返納はまだですが、車は、通院などはタクシーを利用しています。

姪っ子が持っていきました。

実は今、東京に住む妻の母（93歳）も要介護状態なんです。妻は4人姉妹の三女で、次女が義母と同居。でも、みんな仕事を持っていますからね。介護には、妻や私も含めて、みんなで交互に通っています。もちろん、ヘルパー（週3日）や、入浴サービス（週2回）、訪問看護（週1回）なども利用しています。

その合間をぬって実家の母にも、毎日電話を欠かしません。だいたい朝です。日に2回電話することもあります。男ですからね。大した話なんかしませんけど（笑）。

自分の父が亡くなって、次に妻の母が倒れ、さらに自分の母も倒れて。年齢的なものもあるのでしょうが、こういったことは連鎖するのかもしれません。

自分の親も妻の親も要介護状態で、最初は、正直しんどいなと思いました。でも、ある程度それがルーティンワークになれば、そんなに負担は感じなくなるものです。

10年や20年もこの状態が続くわけじゃありませんから。

それよりも、父が亡くなったときに「もっと顔を見せておけばよかった」とか、自分のなかで、あれこれ後悔することが多かったんです。父が亡くなるまでは、ほとんど実家に帰ってもいませんでした。

親が要介護状態になったとしても、介護は必ずいつか終わります。

ですから、今は大変かもしれないけど、できるときにやっておきたいと思っているんです。

母への経済的援助については、とくにしていません。母は、60歳まで看護師として働いていました。だから公的年金は、父より多かったくらいです。

現在の経済的負担は、帰省の際の交通費くらいでしょうか。父が亡くなる直前から年4～5回くらい帰省しています。ただし北海道なので、結構かかるんですよ。安いチケットでも往復3万円くらいかな。高いと倍くらいかかります。帰省するときは1人ですね。3泊4日くらいです。

もし将来、母の介護費用が足りなくなったら、きょうだいで負担し合うつもりです。もしくは、実家が市の中心部にあって、周辺は店舗や事務所などが多い地域なので、

売却すれば、それも充当できるでしょう。

親と離れていて最も負担に感じるのは、心や身体の調子がわからないこと。担当のケアマネジャーと連絡を直接取り合って、介護状況などをきちんと説明してもらえるのが心強いですが、母に毎日電話をしていても、顔色などはわかりません。本人も、自分の状態がどうなのかうまく言えないみたいです。平気で朝食や昼食を食べなかったりしています。

この間も、風邪をひいたときにひとりでいるのが不安で仕方ないらしいんです。だから今、どこか、母の年金でまかなえる程度の高齢者施設に入所できないか、パンフレットや資料などを集めて探しているところです。

同居については、父の生存中に、「長男のところで同居しないのか」と、母に尋ねたことはあります。でも「絶対イヤだ」って。その辺りははっきりしていますね。

逆に、私が「こっち（北海道）に戻ってこい」ってずっと言われていました。きょうだいの中で、持ち家がないのは私だけ。自由業ですし、私たち夫婦には、子どももいませんので、自分たち自身の老後のことも考えたりします。

でも、お恥ずかしい話ですが、運転免許証を持っていないんです。地元で車の運転

ができないのはねえ、ちょっと厳しいですよ。それも実家に帰らない理由の1つかな（苦笑）。

お金のプロからアドバイス

「同時多発介護」は〝夫の親を優先。妻の親は後回し〟などは禁物！　対処法によってはトラブルのもととなる。要介護度や利用できる地域資源、協力者などの状況を見ながら、どちらの親であっても気持ちは主体的にかかわり合っていくことが肝心だ。

事例3

「大腿骨頸部骨折」後も、リハビリに励みながらひとり暮らしを続ける母

家族構成

金山裕介さん（仮名・63歳）
自由業／2人兄弟の次男 埼玉県在住

妻（60歳）
専業主婦／一人娘

子ども
（3人はすでに独立）

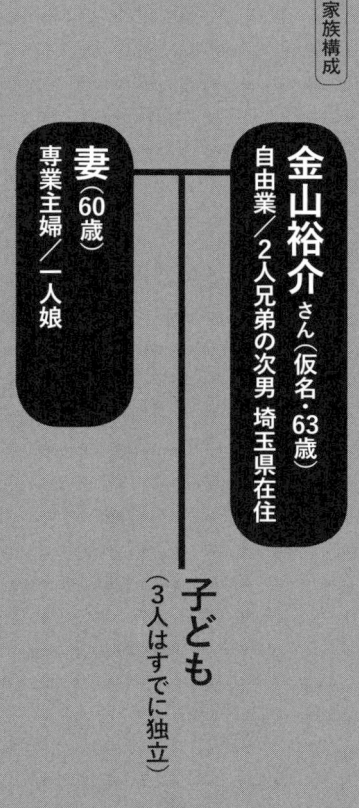

父は、30年前に結核で他界。現在、母（87歳）が、群馬県でひとり暮らしをしています。

母はいわゆる家付き娘で、嫁に出たこともなく、今暮らしている実家が、一生をともに過ごしてきた愛着の深い場所です。

地元は織物や繊維業が盛んだったところで、母も長年、縫製業に従事してきました。父が亡くなった後も、それで生計を立ててきた気丈な母です。

そんな母ですが、3年前に「大腿骨頸部骨折」で手術・入院をしました。

転倒などではなく、前日に歩きにくいと連絡があり、翌日、車で実家に向かって、整形外科に連れていったのです。すぐに手術ということになって、いったん自宅に戻り、また病院にトンボ返り。私の自宅と実家は、だいたい車で1時間半くらいの距離にあります。

手術は4時間もかかりました。病院でリハビリを続けていましたが、病院から2ヵ月で退院を迫られ、そのまま自宅に戻りました。

実はそのとき、母には「同居しよう」と申し出たのです。

でも、あっさり断られましたね（苦笑）。「イヤだ。まだまだひとり暮らしがいい」

って言うんです。

とにかく、地域とのつながりが濃密なんです。母の生まれ育った土地ですし、友人や知人もたくさんいる。

近くには、母の従弟夫婦も住んでいて、お世話になることも多い。2週間に1回くらいは顔を出してくれているんじゃないでしょうか。

ご近所がしょっちゅう訪れるような家で、裏のお宅の方など、母が小学校のときからの同級生。母と同じひとり暮らしということもあってか、カーテンや雨戸の開け閉めで、お互いの様子を確認し合っているようです。

手術後、母の歩行が不自由になったり、車いすの生活になったりしたのであれば、事情は違ったのかもしれません。でも頑張り屋の母はリハビリを続け、歩けるまでに機能は回復しました。

結局、母自身が、子どもと同居よりも実家にそのまま住み続けることを望んでいますし、私たち兄弟も、住み慣れた場所から無理に離すよりも、今の状態でサポートする方がいいだろうと判断したのです。

現在も、頭はしっかりしており、持病もありません。要支援2です。だいたい身の回りのことは自分でできますが、週2回リハビリを目的にデイサービスに通い、週1回のホームヘルパーと、訪問リハビリにも来てもらっています。

ふだんの買い物などは、ヘルパーに付き添ってもらって、母が行っています。あとは、生協で食料品等を届けてもらったり、自治体の高齢者向けの弁当宅配サービスも利用したりしているようです。

私も妻と一緒に、月に1回ほど様子を見に帰っています。日帰りで、泊まりはしません。あの地方は、冬など本当に寒いんですよ。慣れない人はつらいでしょうね。行くと、かかりつけ医の定期検査に付き添って、お昼ごはんを一緒に食べ、毛布やシーツなど、実家の洗濯機で洗えないようなものを持って帰ります。定期的な仕送りなどはしていませんが、利用している施設での日帰り旅行の際は、ちょっとしたお小遣いを渡したり、何か頼まれたら買って行くくらいでしょうか。母もお金については、「今のところは大丈夫だから」と言いますね。

長男（66歳）は、東京に住んでおり、定年退職をしましたが、車の運転ができないんですよ。実家は、車がないと不便な土地柄ですからね。長男の方は、年2回ほど自分の息子に乗せてもらって、家族で帰省しています。

私の方は自由業で、時間的にも融通がききやすいですし、母の様子を、私が定期的に見に行くのは、自然な流れという感じです。

とくに母のことを長男に逐次報告するようなことはしませんが、お互いちゃんと様子はわかっていると思います。


もちろん年齢的にも、母のこれからのことは心配です。

「ひとりの方が気楽」とか「さびしいのは慣れている」なんて、母は、周囲に言っているようですけれど、やはり風邪や体調が悪いときなど、不安に感じている様子は伝わってきます。

ただ、おそらく同居することになったり、施設に入所したりという状況になるのは、もう一段階、母の身体に何らかの支障が生じてからのことではないかと考えています。

その変化を感じ取り、すぐに対応できるように、かかりつけ医には、母の状態をかなり細かく説明してもらっています。

仕事の関係上、医療に関する知識はかなりある方です。その点は、母も安心しているんじゃないでしょうか。

でも、今の環境がよっぽど母に合っているんでしょうね。なんとなく、骨折して入院する前と比べても、ここ数年、体力や体調がほとんど変わっていないような気がします（笑）。

お金のプロからアドバイス

親の近くに住む親戚は、イザというとき一番頼りになる存在。日頃から良好な関係を保つのが大前提。地縁血縁の結びつきが強い地方では、ご近所を味方やサポーターにできるかどうかが、離れて住む親の介護を行う際の成否を分ける。

事例4

元気で厳格だった父が、まさか盲腸から要介護5まで進行するなんて！

家族構成

田中美千代さん（仮名・55歳）
会社員／2人姉妹の長女　群馬県在住

夫（57歳）
会社員／2人兄弟の長男

子ども
（3人はすでに独立）

現在、父（83歳）は要介護5で、山形県内の特別養護老人ホームに入居しています。母（78歳）は要支援2くらいです。同じく山形県内に住む妹（51歳）の家族と1年前から同居しています。

まず、3年前に父の具合が悪くなりました。きっかけは盲腸（虫垂炎）です。それが悪化して「痛い、痛い」と転んだ拍子に腰椎圧迫骨折。父はお酒が好きなもので、手術のときに麻酔が効かないなどのドタバタから始まって、その直後に、誤嚥性肺炎を起こしICUに入ることに。とにかく運が悪いというか、何というか。あんなに元気だった父が、3ヵ月の入院で、あっという間に要介護5になってしまったのです。

それまであまりにも、両親が健康だったので、まさかわが家にこんなことが起きるとは、家族は誰もまったく予想していませんでした。

数ヵ月後に、急性期病院から退院勧告を受けたときには、「えっ、病院を出なくてはいけない？」「でも次は、どこに行けばいいの？」という感じ。介護についての情報も知識もまったく何にもなく、私たち家族は右往左往するばかりでした。

ええ。病院にはソーシャルワーカーとか相談先がいろいろあるのが一般的なんですよね。でも、私たちの場合、なぜかそういう人が見当たらなかったんです。自治体にも、何度も足を運びましたし、「相談室」のようなところに行ったこともあります。専門家らしき人が入れ代わり立ち代わり、いろいろなことを言ってくださいます。でも、知識がなかったせいもありますが、私たちにはちんぷんかんぷんでした。

結局、入院先の看護師長さんが親身に相談に乗ってくださって、それで次の転院先（一般病院の療養病床）を見つけることができたのです。

でも、転院先の入院期間は長くありませんでした。並行して、受け入れ先の高齢者施設を探しており、そこに空きが出たためです。でも、その後も施設はいくつか転々としました。再び誤嚥性肺炎を繰り返し、病院に再入院しなければいけなかったからです。施設によって取り扱いが異なるようですが、父の入所していた施設の場合、いったんそこを出てしまうと、籍がなくなって、再度手続きをする必要がありました。

父がこんな状況になってから母は、２年ほどひとり暮らしをしていました。妹は同じ山形県内在住とはいえ別居していますし、私も離れて住んでいます。当初は、母が「お父さんの面倒は自分が見なければ」と気が張っていたのでしょう。介護タクシーなどを使って、２〜３日に一度は、父の病院に通っていましたが、段々、苦になってきたようです。疲れて病院から帰ってきても、ひとりぼっちですからね。

妹も毎週のように父の病院に行き、週末は母を連れて自宅に泊まらせていました。ところが、そのうち母が「お父さんが怖い」など、変なことを口にするようになったのです。そこでひとりにはしておけないと、妹家族との同居を決めました。

同居当初は大変で、母娘といっても、いろいろあるのでしょうね。今も母からは電話で、妹からはメールで愚痴めいた内容が届きます。お互い、些細なことばかり。私が近くにいれば、間に入ったり、直接相談に乗ってあげたりできるのに。もどかしく思いながら、ストレスがたまらないよう、できるだけそれぞれの話を聞くようにしています。

私も、父の入院当時は、毎月2回、今でも毎月1回は、車で4～5時間かけて帰省します。2泊3日くらい、いろいろな用事が済ませられるよう平日を挟みます。ですから、こちらの事情を理解して、休ませてくれる職場はありがたいですね。

帰省するときの交通費は、高速代だけで往復1万円ほど。そのほか、妹に少しですが、お金を渡しています。「お姉ちゃん、そんなのいらない」と妹は言いますが、私が地元にいない分、病院や施設探しやさまざまな手続き、母の家計管理など、すべて引き受けてくれているのは妹です。

きっと妹が傍にいてくれなければ、もっと大変だったでしょうし、その場合は、父を私が、母を妹がというように別々に引き取ることになったかも。妹は、正社員で働きながら、3人の子どもを育て、さらに老親の面倒も見てくれています。そんな妹には、いくら感謝しても足りません。もともと、周囲からも仲がいいと言われていた姉妹ですが、協力して親のサポートをするには、きちんと感謝の気持ちをかたちで示すことは大切だと思います。

突然、親が要介護状態になってパニックに陥った私たち家族。今思えば、もっとちゃんと備えておけばよかったと思います。

その1つが「お金」。両親とも公務員で、公的年金は2人合わせて月額25万円以上もらっています。でも父が入院してから、親の通帳を確認したところ、貯金はびっくりするくらいありませんでした。両親からすれば、まさか自分たちが要介護状態になるなんて想像もせず、好きなことにお金をかけ、悠々自適に老後を楽しんでいたのでしょう。

そして「情報」も重要です。実は私は介護関係の仕事をしています。でも長年地元を離れてしまえば、その地域にどんな介護施設があるかなど、状況はまったくわかりません。ですからいくら元気でも、親がある程度の年齢になれば、地域資源に関するアンテナを張り巡らしておくべきです。イザというときに備えておくよう、子どもから親への情報提供もせず、本当に見通しが甘かったと反省しています。

お金のプロからアドバイス

いくら元気な親でも、一定の年齢になれば、何が起こってもおかしくないと心とお金の準備をしておくこと。親を呼び寄せて同居する場合は、その前に「お試し期間」を設けて、お互いが新しい環境や状況になじめるかどうかチェックしてみよう。

事例5

あわや「オレオレ詐欺」に遭いそうになった母。心配は募るが……

家族構成

吉田弘之さん（仮名・57歳）
公務員／2人兄弟の長男 東京都在住

妻（54歳）
専業主婦

父（享年81）は、5年前に他界。母（82歳）が、現在、群馬県でひとり暮らしをしています。母は要支援1程度で、まだ心身ともにしっかりしている様子です。実家は県道沿いにあり、買い物なども、歩いて2～3分くらいのところにスーパーがあって、とくに不自由はしていないでしょう。

私は仕事の関係で海外駐在が多く、ここ10年ほどずっと国外での生活でした。最近ようやく帰国しましたが、実家に帰省するのはお盆とお正月の年2回くらいです。

私がそんな状況でしたので、茨城県に住む次男（54歳）の方が、2ヵ月に1回ほど、定期的に母の様子を見に行ってくれています。

でも、電話は毎週しています。海外にいるときも国際電話をしていました。弟も同じくらいでしょう。

離れてしまえば、基本的に、国内も海外もそう変わりはないと思いますよ。もちろん、距離的に近いかどうかは違いますけどね。

そんな母に大事件が起きました。

昨年の夏、「オレオレ詐欺」に遭いそうになったのです。犯人は、次男の名前をかたっていました。

ある朝、母のところに電話があって、「もしもし○○（次男）だけど。友人がお金に困っていて融通してやらなくちゃいけないんだ。８００万円を用意してくれ」と言われたそうです。母が「８００万円なんて大金、ウチにあるはずないでしょう」と答えると、「それじゃあ、どれくらいあるか調べておいて」と言い置いて、犯人はいったん電話を切りました。

通話の途中で「オレオレ詐欺」だということに気づいた母は、すぐに地元の警察に通報。すると、「２００万円ならあると犯人に言ってください」と指示され、母は怯えながらも、犯人にそれを伝えました。すぐ代理の者に取りに行かせるという犯人を、警察官とともに待ったそうです。２００万円は警察が偽札を用意して持ってきました。しかし、おそらく実家に出入りする警察官の様子をどこかで見ていたのでしょう。結局、夕方まで待っても犯人は現れませんでした。

このような一件があったあとは、私も次男もひとり暮らしの母のことを放っておけません。さっそく次男が自分のところに連れて帰ると、母を説得しました。

でも、元気な間は、実家に住みたいと首を縦に振らないのです。長男である私への気兼ねもあったのかもしれません。わが家は狭いマンション住まいで、同居は難しいのです。

結局、今も母はひとり暮らしを続けているのですが、私たちがそばにいないために、適切な判断ができない可能性がある点については、心配しています。

たとえば今回の事件で、母は、お金を受け取りに来た犯人に、屋外ではなく、自宅に上げてお金を渡し、名前まで書かせるよう指示されています。警察の囮《おとり》捜査に協力しているわけです。市民としては当然のことかもしれませんが、もし近くにいれば、子どもとして、そんな危険なことはやめさせていたでしょう。

同居については、4年ほど前に母が転んで腰を痛めたときにも話が出ました。何しろ、腰が痛くて、家の中を這って移動しているような状態でしたから。

その後、デイサービスのリハビリに通って、ずいぶんよくなりましたが、そのときに様子を見に来た、地域包括支援センターの人が、電話機にセットする「緊急通報装置ボタン」を設置する手続きをしてくれました。緊急の場合にボタンを押せば、自動的に最寄りの消防本部に連絡がいくようになっています。

すぐに押せるように、こたつの上に置いてあって、間違って何度か押してしまったみたいです。すると「何かありましたか?」って安否確認の電話があって（苦笑）。

もちろん万全ではありませんが、ボタン一つでも、本人や家族は安心します。

たしかに、老親のひとり暮らしは、年齢的にも不安は残ります。でも地元には母の友人がたくさんいますし、近所の民生委員の方も、ひんぱんに様子を見に来てくださるようです。前述の事件のあとは警察でも、実家をパトロール強化地域として巡回してくれるようになりました。

離れて暮らしていても、このように、母の住む地域とのネットワークを密にしていけば、なんとかサポートできるのではないかと考えています。

身体が不自由になったときのことは、母も覚悟をしているらしく、昨年末に帰省した際に、現在通っているデイサービスに隣接するサービス付き高齢者住宅を母と一緒に見学してきました。

もし将来的に何かあれば、ここに入ると母は決めているようです。

職員の方にもいろいろとお話を伺いましたが、アットホームな雰囲気で、今年オープンしたばかりの施設は温泉旅館のようで介護施設には見えません。職員の体制も充実しているようです。何より母がそれを望んでいるということが、よくわかりました。

あと5年ほどで私も定年退職を迎えます。

母が元気でいてくれれば、地元に戻りたいという気持ちもあります。まだ先のことはわかりませんが、いつまでも母が楽しく自由に過ごしていてくれることが何よりだと考えています。

お金のプロからアドバイス

親と離れて住んでいる場合、このようなトラブルに巻き込まれるケースが最も心配だ。振り込め詐欺の被害防止策として、電話での会話を録音する装置を、高齢者宅に無料で貸し出すサービスを行う地域もある。高齢期の親を守るセーフティネットは、いくつあっても多すぎるということはない。

さいごに～あとがきにかえて

高齢期の親をサポートする子ども世代のための本を書きたい、と思うようになったのは、今から10年以上も前のことである。

30代前半で運よく人生の伴侶も見つかり、子どもにも恵まれた。やりがいを感じられる仕事もある。しみじみと自分の幸せを感じるにつれて、離れて暮らす親を放っておいて、自分ばかりが幸福でよいのだろうかと、後ろめたくなったのかもしれない。

細かな構想をまとめ、書こうと思い立ったのは1年ほど前だろうか。しかし、あれだけ書きたかったテーマのはずなのに、実際に書き出してみると、思うように筆が進まない。FPという仕事柄、原稿を執筆する機会は多い。どちらかといえば、速筆な部類だと思う。

それが悶々として、書けない。それればかりか、体調まで崩してしまった。

原因はわかっている。テーマが重い。重すぎるのだ。とくに、第3章の「『認知症』『介護』に備える」では、それがピークに達していた。はっきり申し上げると、これからの日本の状況で、要介護の親を支えるのは、とても大変なことだと思う。子どもには子どもの生活があるし、離れて住んでいるのであればなおのこと。

しかし、なんとか書き進めていくうちに、大変になるのがわかっているからこそ、親世代も子ども世代も、きちんと厳しい現実を知り、それに対してきちんと備えをしていくしか道はないのだ、と思い至った。

ある介護施設を見学した際に、職員の方から「お年寄りはね、いつも子どもには迷惑かけたくないって、そればっかり言ってますよ」というお話を聞いた。離れて暮らす私の母も、同じことをいつも繰り返す。その気持ちが本当なのであれば、おそらく親も喜んで、できるだけお互いが自立した生活を続けられるように努力してくれるに違いない。


私がお伝えするまでもなく、実際に、多くの人が将来に対して不安を感じている。「何か僕の将来に対する唯ぼんやりした不安である（或旧友へ送る手記）」というのは、芥川龍之介の自殺の動機として有名な言葉だが、多くの人の老後に対する不安も、わからないものに対する漠然とした不安感によるところが大きいのかもしれない。

そうであれば、具体的に不安に感じているものの正体さえつかめれば、それに対する対処法が見えてくる。不安な気持ちも、軽減されるのではないだろうか?

そのためには、バイアス(偏り)のかかっていない知識と情報が必要不可欠だ。

私は、やみくもに将来に対する恐れや不安をあおっているわけではなく、寝たきりや認知症にならず、子どもに面倒やお金の負担をかけないで、最期を迎える方も少なくないだろう。だが、誰しも希望どおり、ピンピンコロリで亡くなるわけではない。

私は、よくお客さまに「何事も、最悪の事態を想定して備え、最善の状態をイメージしながら毎日をのんびり過ごす」ように、アドバイスしている。

リスクに備える場合は悲観的に、日常生活は楽観的に、というわけだ。

悲観的すぎて、過剰なほど民間保険に加入し、家計が破綻しそうというのは問題だが、介護やお金の心配ばかりしていたら、気が滅入って、本当に病気になってしまう。

そして最後に。人間は誰しも年を取る。いずれは自分自身の老後や介護を考えねばならない。親の老後や介護を考え、支えることは、自分自身の将来に備えることにつながる、ということを忘れてはならない。

両親の介護を行い、最期を看取ったというある人は、「本当に介護は大変でしたが、それをやりきったこと。そのときに両親と真摯に向き合って、いろいろな話ができたことは、これからの自分にとって何ものにも代えがたい財産です」と話してくれた。
さあ、怖がらず、親と自分と、これからのことについて向き合ってみよう。

２０１７年12月

黒田　尚子

――本書のプロフィール――

本書は、二〇一五年六月にプレジデント社より単行本として刊行された『50代からのお金のはなし』を改題、改稿のうえ文庫化したものです。

小学館文庫プレジデントセレクト

親《おや》の介護《かいご》は9割逃《わりに》げよ

「親《おや》の老後《ろうご》」の悩《なや》みを解決《かいけつ》する50代《だい》からのお金《かね》のはなし

黒田尚子《くろだなおこ》

イラスト　岡野雄一

図版作成　大橋昭一

二〇一八年二月十一日　初版第一刷発行

発行人　菅原朝也

発行所　株式会社　小学館

〒一〇一-八〇〇一
東京都千代田区一ツ橋二-三-一
電話　販売〇三-五二八一-三五五五
編集（プレジデント社）
〇三-三二三七-三七三二

印刷所――――凸版印刷株式会社

この文庫の詳しい内容はインターネットで24時間ご覧になれます。
小学館公式ホームページ　http://www.shogakukan.co.jp

ISBN978-4-09-470021-3